HET CREËREN VAN MEERWAARDE VOOR KLANTEN.

HET CREËREN VAN MEERWAARDE VOOR KLANTEN

Door: D.K. Hawkins
Versie 1.1 ~november 2022
Gepubliceerd door D.K. Hawkins bij KDP
Copyright ©2022 door D.K. Hawkins. Alle rechten voorbehouden.

Niets uit deze uitgave mag worden verveelvoudigd, verspreid of overgedragen in enige vorm of op enige wijze, waaronder fotokopieën, opnamen of andere elektronische of mechanische methoden of via enig informatieopslag- of gegevenszoeksysteem, zonder voorafgaande schriftelijke toestemming van de uitgevers, behalve in het geval van zeer korte citaten in kritische recensies en bepaald ander niet-commercieel gebruik dat door de auteurswet is toegestaan.

Alle rechten voorbehouden, inclusief het recht op gehele of gedeeltelijke reproductie in welke vorm dan ook.

Alle informatie in dit boek is zorgvuldig onderzocht en gecontroleerd op feitelijke juistheid. De auteur en uitgever geven echter geen garantie, expliciet of impliciet, dat de informatie in dit boek geschikt is voor elk individu, situatie of doel en aanvaarden geen verantwoordelijkheid voor fouten of weglatingen.

De lezer aanvaardt het risico en de volledige verantwoordelijkheid voor alle handelingen. De auteur is niet verantwoordelijk voor enig verlies of schade, hetzij gevolgschade, incidenteel, speciaal of anderszins, die kan voortvloeien uit de informatie in dit boek.

Alle afbeeldingen zijn vrij te gebruiken of gekocht van stockfotosites of vrij van royalty's voor commercieel gebruik. Ik heb me voor dit boek gebaseerd op mijn eigen waarnemingen en op vele verschillende bronnen, en ik heb mijn best gedaan om de feiten te controleren en de eer te geven waar die toekomt. In het geval dat materiaal is gebruikt zonder de juiste toestemming, neem dan contact met mij op zodat de vergissing kan worden gecorrigeerd.

De informatie in dit boek dient uitsluitend ter informatie en is niet bedoeld als bron van advies of kredietanalyse met betrekking tot het gepresenteerde materiaal. De informatie en/of documenten in dit boek vormen geen juridisch of financieel advies en mogen nooit worden gebruikt zonder eerst een financiële professional te raadplegen om te bepalen wat het beste is voor uw individuele behoeften.

De uitgever en de auteur geven geen enkele garantie of andere belofte met betrekking tot de resultaten die kunnen worden verkregen door het gebruik van de inhoud van dit boek. U mag nooit een investeringsbeslissing nemen zonder eerst uw eigen financieel adviseur te raadplegen en uw eigen onderzoek en due diligence uit te voeren. Voor zover wettelijk toegestaan wijzen de uitgever en de auteur alle aansprakelijkheid af in het geval dat informatie, commentaar, analyse, meningen, adviezen en/of aanbevelingen in dit boek onnauwkeurig, onvolledig of onbetrouwbaar blijken te zijn of resulteren in beleggings- of andere verliezen.

De inhoud van dit boek is niet bedoeld als en vormt geen juridisch advies of beleggingsadvies, en er wordt geen advocaat-cliënt relatie gevormd. De uitgever en de auteur verstrekken dit boek en de inhoud ervan op een "as is" basis. Uw gebruik van de informatie in dit boek is op eigen risico.

INHOUDSOPGAVE.

INHOUDSOPGAVE. 4
INLEIDING. 6
HOOFDSTUK 1: BEGRIP VAN WAARDE. 10
HOOFDSTUK 2: WAARDE CREËREN VOOR UW KLANT. 27
HOOFDSTUK 3: BELANG VAN WAARDECREATIE. 33
HOOFDSTUK 4: STRUCTUUR VOOR WAARDECREATIE. 41
HOOFDSTUK 5: EVALUATIE VAN WAARDECREATIE. 50
HOOFDSTUK 6: VERKOOPWAARDE EN HOE HET UW PRODUCT BEÏNVLOEDT. 62
HOOFDSTUK 7: HET CREËREN VAN ONWEERSTAANBARE AANBIEDINGEN DIE DIRECT TOT ACTIE LEIDEN IS EEN TOEGEVOEGDE WAARDE. 67
HOOFDSTUK 8: HOE U DE WAARDE VAN DE KLANT IN DE TIJD KUNT VOLGEN. 73
HOOFDSTUK 9: UNIQUE SELLING PROPOSITIONS VOOR UW BEDRIJF IN MOEILIJKE TIJDEN. 82
HOOFDSTUK 10: HOE U DE PERCEPTIE VAN UW WAARDE DOOR UW KLANTEN KUNT VERGROTEN. 92
HOOFDSTUK 11: PROMOTEN OP "LAGE PRIJS" MAAR "WAARDE" IS ESSENTIEEL VOOR SUCCES. 98
HOOFDSTUK 12: HOE EEN WEBSITE DE WAARDE VAN EEN BEDRIJF KAN VERHOGEN. 105
HOOFDSTUK 13: STRATEGIE EN KLANTGERICHTHEID. 109

HOOFDSTUK 14: MANIEREN WAAROP U DE ERVARING VAN UW KLANTEN KUNT VERBETEREN. 117

HOOFDSTUK 15: TIPS OM EXTRA WAARDE TOE TE VOEGEN VOOR UW KLANTEN.. 123

CONCLUSIE.. 129

INLEIDING.

Klanten zijn iets wat je nooit mag verliezen als je zaken doet. Zonder hen zou er geen onderneming zijn. U moet er alles aan doen om een prettige relatie met hen op te bouwen en te onderhouden.

Veel dingen kunnen worden gedaan om dit te realiseren, maar veel dingen ook niet. Van al deze zaken is de meerwaarde de belangrijkste.

Een van de ergste fouten die 99 procent van de bedrijven maakt, is het laten komen en gaan van prospects en klanten zonder na te gaan hoe waardevol zij zijn voor de toekomstige zekerheid van het bedrijf. Voordat u dit antwoord kunt krijgen, moet u de waarde van uw klant bepalen.

Elke klant zal aankopen doen. Hoe vaak gedurende het jaar? Hoe lang? Als u deze getallen niet berekent, heeft u geen bedrijf, omdat u een belangrijk activum mist. Uw bedrijf mist waarde. Het kan cash flow hebben, en u kunt wat geld hebben, maar het is vooral een korte termijn investering.

U moet altijd overwegen wat u voor uw klanten kunt doen. Als u enige hebzucht bezit, moet het ten behoeve van uw consument zijn. U wenst de hebzucht van uw klanten te bestrijden.

Welke voordelen kunt u aan uw product of dienst toevoegen om het onweerstaanbaar te maken?

Pak wat papier en schrijf de woorden op: "Ik kan mijn klanten meer of minder bieden van wat?" Ik kan mijn klanten voorzien van verbeterde wat? Ik kan mijn klanten sterker wat bieden? Ik kan mijn klanten minder of meer wat bieden?" Alles wat u uw klanten nog meer kunt bieden.

Vergelijk vervolgens uw huidige talenten en mogelijkheden met de opgesomde andere voordelen en mogelijkheden en bereken wat het kan kosten om deze diensten te leveren. Vermeld de nieuwe functies en voordelen, de extra kosten en een uitsplitsing van de componenten van de kosten. Zoals de kosten van het product, verzending, uitvoering, arbeid, inventaris en opslag. Al deze factoren worden overwogen bij het uitvoeren van een oefening van deze aard.

Als u een dienstverlenend bedrijf exploiteert, druk dan de andere kosten uit met betrekking tot de tijd die nodig is om de toegevoegde functie of het toegevoegde voordeel te leveren. Deze extra tijd moet worden vergeleken met de tijd die u besteedt aan het werken voor iemand anders, acht uur per dag, vijf dagen per week, tegenover de tijd die u besteedt aan het bestuderen van hoe u geld kunt produceren in uw bedrijf.

U kunt slimmer werken door te begrijpen hoe u uw geld net zo hard voor u kunt laten werken als uw product of dienst. Je kunt veel meer bereiken met minder inspanning.

Als u iedereen als een VIP behandelt, zullen zij uw bedrijf voor u opbouwen. U zult de nodige tijd en service bieden om goede klantenrelaties te onderhouden. Op dezelfde manier hoeft u bij een dienstverlenend bedrijf minder tijd te besteden aan het werven van nieuwe klanten als u uw huidige klanten anders behandelt.

Vergeet niet dat marketing weliswaar wordt ondernomen voor het publiek, maar dat uw klanten zich concentreren op één ding tegelijk. Hoewel u de hele markt benadert, moet u uw klanten als unieke individuen behandelen.

HOOFDSTUK 1: BEGRIP VAN WAARDE.

Wat is waarde?

Winst is het verschil tussen uw kosten en de prijs die u op de markt voor iets ontvangt. Winstgevendheid hangt af van waarde. Inzicht in waarde kan een schat aan informatie opleveren over hoe de winst in elk bedrijf kan worden verhoogd. Een nuttige methode om dit te overwegen is:

Prijs - Kosten = Winst.

Dit impliceert dat grote winsten altijd het resultaat zijn van een grondig begrip van uitgaven en prijzen, hoewel dit aanzienlijk uitdagender kan zijn dan het klinkt.

Winst kan op verschillende manieren worden bekeken, maar het is essentieel om de rol van winst in de kapitalistische samenleving te begrijpen om het concept volledig te begrijpen. In een vrije markt is het doel van winst om mensen en kapitaal aan te trekken voor activiteiten die anderen ten goede komen. Dit suggereert dat de meeste organisaties met winstoogmerk waarschijnlijk te maken hebben met één van de volgende zaken:

1) Kosten.

2) Klanten krijgen.

3) Kosten beheersen.

4) Waarde produceren.

Veel ondernemers raken gefixeerd op het begrip kostenbeheersing, dat veel meer aandacht krijgt dan verdient. In de meeste sectoren zijn de kosten niet de meest essentiële overweging in de aankoopkeuze van de klant, ondanks het belang ervan. Men is geneigd zich te concentreren op kostenverlaging omdat dat eenvoudig is. Dit is de verkeerde aanpak als u enorme rijkdom wilt genereren.

De sleutel tot astronomische winsten.

Zoals u uit de vorige zin kunt opmaken, zijn waanzinnige winsten slechts het resultaat van het leveren van immense waarde aan een groep rijke consumenten. Bovendien is dat laatste punt over geld uitgeven essentieel.

Ik ken mensen die ambitieuze bedrijfsplannen hebben opgesteld voor klanten met weinig tot geen besteedbaar inkomen, en die faalden bij gebrek aan geld. Denk aan wat Willie Sutton zei toen hem werd gevraagd waarom bankrovers misdaden plegen:

Aangezien daar het geld is.

Waarde creëren kan eenvoudig of uitdagend zijn. Veel mensen zijn in staat tot eenvoudige waardecreatie. Maar slechts weinigen zullen zich bezighouden met uitdagende of ingewikkelde waardecreatie. U zult meer geld verdienen als u weet hoe u uitdagende taken in rekening kunt brengen. Dit is belangrijk omdat u de gevolgen van concurrentie moet begrijpen. Overweeg het volgende:

Wat is de waarde van een glas water?

Een glas water is niet zo waardevol voor je als je nu thuis of op je werk zit. Misschien een stuiver aan de buitenkant. Waarom? Omdat u gemakkelijk naar een kraan kunt lopen en een glas water kunt vullen voor minder dan een stuiver, zonder dat u veel tijd kwijt bent of veel verstand heeft van water.

Als ik naast u zou staan met het enige glas water van 100 mijl, zou u die drank aanzienlijk meer waarderen. Denk daarentegen aan de waarde van dat water als u betrokken zou raken bij een vliegtuigongeluk in de woestijn. Het alternatief zou niet bestaan, maar de vraag naar water zou zeker bestaan. Dit leidt tot een essentieel concept over waarde:

Uw toegankelijke alternatieven bepalen de waarde.

Met andere woorden, als er een gemakkelijk toegankelijk alternatief is voor een product of dienst, zullen de meeste kopers dat op dezelfde manier waarderen. Dit is een van de redenen waarom banken en luchtvaartmaatschappijen doorgaans vrij vergelijkbare rentetarieven en tickets aanbieden. Waarom zou u meer betalen voor één van beide als er geen waarneembaar verschil is tussen de opties?

Hier komt de concurrentie in beeld.

Wanneer u iets eenvoudigs doet dat waarde genereert, kan een concurrent hetzelfde doen en het misschien zelfs voor een stuiver minder doen om de consument te verwerven. Bijna altijd wordt de bereidheid van concurrenten om hun prijzen te verlagen beperkt door hun kosten. Dit betekent dat de meeste van uw concurrenten hun tarieven zodanig zullen verlagen dat zij geld verliezen op de transactie om klanten van u te stelen.

Natuurlijk, als u het vanuit een ander perspectief bekijkt, offeren zij inkomsten op voor klanten. Toch zullen de meeste concurrenten in de sector dit doen, in de overtuiging dat de volumeverkoop het verlies zal compenseren. Denk aan een limonadekraam om de realiteit van deze kwestie te begrijpen.

Stel dat u een limonadekraam runt en dat uw kosten per glas limonade 20 cent bedragen door het gebruik van limonademix, bekers en andere benodigdheden. U besluit uw heerlijke limonade voor 50 cent per glas te prijzen, wat resulteert in het volgende winstscenario:

Prijs=$0,50 - Kosten=$0,20.

Winst=$0,30.

Om de volledige winst van een bedrijf met meerdere verkopen te bepalen, moeten we de inkomsten en uitgaven van elke transactie bij elkaar optellen. Een nuttige methode om dit te overwegen is:

Verkoop=Eenheden X Prijs.

De "eenheid" voor limonade is een glas limonade, dus:

Verkoop = Glazen limonade X Prijs.

Laten we aannemen dat 100 klanten dagelijks limonade kopen in deze buurt. Ja, mijn jeugdbuurt was nooit zo geweldig, maar we doen alsof, dus heb geduld. Dit resulteert in het volgende algemene winstplaatje:

Verkoop=$50.00 - Kosten=$20.00.

Winst=$30.00.

Stel dat Egbert op een dag een kraam naast de uwe opricht. Stel dat jullie allebei naar de winkel op de hoek lopen om limonademix te halen, die ongeveer 20 cent per portie kost en dezelfde kosten heeft. Wanneer u uw limonadekraam lanceert, kan uw winstpotentieel er als volgt uitzien:

Prijs=$0,50 - Kosten=$0,20.

Winst=$0,30.

Egbert is van nature een nare rivaal en kan er niet tegen dat jij geld krijgt. Daarom kiest Egbert ervoor uw klanten te stelen door zijn prijzen te verlagen. Klanten, die zijn wie ze zijn, zullen af en toe overstappen naar een goedkoper alternatief, maar anderen niet. Stel dat Egbert tevreden is met dit winstplaatje.

Prijs=$0,40 - Kosten=$0,20.

Winst=$0,20.

Hierdoor verlies je bijna zeker consumenten aan Egbert. Wie kan het ze kwalijk nemen? De koper krijgt dezelfde limonade voor 10 cent minder - wat een deal! Nu komt het moeilijke gedeelte: sommige klanten zullen niet overstappen en bij u blijven kopen.

Waarom? Ik heb het opgegeven te proberen te begrijpen, maar het klopt helemaal. Als ze de keuze hebben, zullen sommige mensen meer betalen dan de laagste prijs die beschikbaar is. Misschien spreken uw ogen hen aan, of zijn ze niet bereid de extra vijf stappen te nemen om bij Egberts stand te komen.

Waarom de moeite doen? U behoudt deze klanten ondanks een hogere prijs. Klinkt goed, toch? Dat is het ook. Als alles gelijk blijft, zullen de meeste klanten bij Egbert kopen, zeg 80 van hen. U behoudt 20 klanten dankzij uw charisma, grappige verkooppraatjes en goede locatie. Dit resulteert in het volgende totale winstplaatje:

Verkoop = 10,00 dollar - Kosten = 4,00 dollar.

Winst = $6,00.

Terwijl het algemene winstbeeld van Egbert er als volgt uitziet:

Verkoop = 32,00 dollar - Kosten = 16,00 dollar.

Winst=$16.00.

Egbert verdient meer geld dan jij. Omdat het kwaad nooit overwint, wil je wat van die klanten terugwinnen. Je verlaagt je prijs tot $0,40 om die van Egbert te evenaren. Wat gebeurt er? Jij en Egbert verdelen de markt waarschijnlijk gelijk, met elk 50 klanten. Dit geeft u beiden het volgende winstplaatje:

Verkoop=$20.00 -Kosten=$10.00.

Winst=$10,00.

Overweeg wat hier is gebeurd. Toen je begon met het verkopen van limonade, verdiende je elke dag $30,00. Egbert kwam en verlaagde uw dagelijkse winst tot $6, zodat hij elke dag $16 kon verdienen, en als gevolg van het aanpassen van zijn prijs, verdiende u uiteindelijk elke dag $10,00.

In dit voorbeeld daalde de totale winst van ALLE limonadeverkopers in uw buurt van $30,00 (toen u de enige was die verkocht) naar $22,00 (nadat Egbert de markt betrad en zijn prijs verlaagde) naar $20,00 (toen u beiden dezelfde prijs hanteerde en dezelfde winst maakte). De limonade en de consumenten bleven hetzelfde, dus wat verbruikte de winst?

De winst wordt uitgehold door de concurrentie.

A. Ontwikkeling van de waarde.

Het creëren van waarde is een van de belangrijkste aspecten van winstgevendheid. Als u een kruidenierswinkel bezoekt en een artikel koopt (zoals een doos hondensnoepjes), kunt u niet buiten de winkel gaan staan om het artikel door te verkopen voor een hogere prijs.

Dat komt omdat de doos hondensnoepjes die buiten de zaak wordt verkocht niet veel meer of minder waard is dan dezelfde doos die binnen wordt aangeboden. U concurreert met de winkel door identieke dingen te verkopen in een naburig gebied. Maar meer fundamenteel heb je geen waarde gecreëerd.

Uw doos met hondensnoepjes heeft dezelfde waarde voor de klant als die in de winkel. De meeste klanten zullen alleen meer betalen voor uw hondensnoepjes dan ze in een winkel zouden doen als u andere waarde biedt. Hier zijn een paar dingen die de waarde van uw hondensnoepjes kunnen verbeteren:

Je haalt ze uit de verpakking en voert ze aan de hond.

U verbetert ze door er suiker aan toe te voegen.

U plaatst ze in een doos die esthetischer is.

Klanten voelen zich goed om bij u te kopen.

Je omarmt de koper voor de aankoop bij jou.

Je presteert terwijl je hondensnoepjes verkoopt.

Hopelijk begrijp je het concept. U kunt waarde toevoegen door het product te verbeteren, de verpakking te veranderen, of iets anders te doen dat de algemene koopervaring van de klant verbetert - misschien niet veel waarde, misschien slechts een cent of twee voor elke traktatie. Maar als u genoeg snoepjes verkoopt, kan dit oplopen, en zult u ongetwijfeld meer winst kunnen maken met uw producten dan uw concurrenten.

B. Het bereiken van uniciteit.

De concurrentiesituatie met Egbert die we bespraken is niet zo ongewoon. Tenzij je iets doet wat concurrenten niet kunnen nadoen, heb je concurrentie, zelfs als die niet bijzonder sterk is.

Hoe zorg je ervoor dat het lijkt alsof je geen concurrenten hebt?

Het idee is een methode te vinden om onderscheidend te zijn. Idealistisch gezien wilt u een uniciteit vinden die sommige van uw klanten belangrijk vinden. Toch kunnen zelfs gewone vreemdheid en eigenaardigheid voor iets tellen - kijk maar naar het succes van Ben & Jerry's en het Rainforest Café.

In een vanillewereld zal chocolade een hogere prijs opbrengen. Vergeet echter niet dat als uw uniciteit succesvol is en een winstgevend bedrijf genereert, uw concurrenten het waarschijnlijk vroeg of laat zullen proberen te imiteren.

Uniciteit biedt een concurrentievoordeel, dat kan worden behouden door het voor concurrenten uiterst moeilijk te maken u te imiteren. Er zijn vele manieren om dit te bereiken. Concurrenten zullen falen bij het kopiëren als één van de volgende zaken zich voordoet:

1. Ze kunnen jouw originaliteit niet kopiëren.

2. Ze kiezen ervoor om jouw eigenheid niet te kopiëren.

3. Ze kunnen jouw onderscheidend vermogen niet kopiëren.

4. De tegenstander kopieert je ineffectief omdat het hen aan concentratie ontbreekt.

Laten we onderzoeken hoe we originaliteit kunnen behouden in het licht van deze vier elementen.

Concurrenten zullen onderscheidende kwaliteiten kopiëren die uiterst moeilijk te repliceren zijn of waarvoor moeilijk te verwerven talenten nodig zijn. Om dit element te gebruiken, selecteert u onderscheidende kwaliteiten die expertise vereisen die u bezit maar uw concurrenten niet.

Het is uiterst moeilijk om een concurrent over te halen iets te doen. Om te voorkomen dat concurrenten uw differentiatie kopiëren, kunt u er een kiezen die oppervlakkig gezien onaantrekkelijk is. Zo kan elke differentiator die de prijzen verhoogt of die in strijd is met het traditionele denken over hoe mensen in uw sector geld verdienen, door uw concurrenten als "onpraktisch" worden beschouwd.

Ik heb gewerkt met bedrijven die miljoenen verdienen door zich te richten op de minst aantrekkelijke klanten in hun sector, gewoon omdat hun concurrenten niet de tijd namen om te bepalen waarom niemand die klanten wilde.

Er zijn weinig manieren om een concurrent te verbieden u te kopiëren; de meeste vereisen juridische en/of overheidssteun. Octrooibescherming is hiervan een uitstekende illustratie, omdat het een praktisch middel is om originaliteit te behouden.

Helaas hebben de meeste van deze strategieën een eindige levensduur. U moet dus uw onderscheidend vermogen op een andere manier vergroten terwijl u onder overheidsbescherming staat. Doe je dat niet, dan zul je ontdekken dat de afhankelijkheid van wettelijke bescherming een verlammende verslaving kan zijn, en dat afkicken vaak fataal is.

Het focusvoordeel is ongetwijfeld een van de eenvoudigste en eenvoudigste instrumenten waarover kleinere bedrijven beschikken. Het is vooral belangrijk wanneer je moet concurreren met veel grotere ondernemingen.

Als u zich richt op een nichemarkt die aanzienlijk kleiner is dan die van uw grotere concurrenten, wordt u waarschijnlijk de favoriete aanbieder van die niche. Door uw inspanningen te concentreren op het bevredigen van de wensen van een specifiek soort consument, zou u een aanzienlijk grotere winst moeten kunnen genereren.

Veel kleinere bedrijven verwerpen deze strategie omdat ze denken dat het hun groeipotentieel beperkt. Het tegendeel is echter meestal waar. In de verzekeringsbranche hebben wij bijvoorbeeld gezien dat bedrijven een enorme winstgevendheid en groei realiseren door zich te richten op een markt die minder dan 5 procent bedraagt van de markt waarop hun concurrenten zich richten.

Te veel mensen zien winst als een basaal, zwart-wit concept dat alleen kan worden aangepakt met voorspelbare, herhaalbare middelen, zoals kostenverlaging. Begrijpen hoe uniciteit leidt tot winst is een fantastische strategie om uw bedrijf te onderscheiden en een bovengemiddelde winstgevendheid te bereiken. Met een kleine inspanning kunt u uw bedrijf onderscheiden en uw bedrijf goed positioneren voor een concurrentievoordeel op lange termijn op de markt.

HOOFDSTUK 2: WAARDE CREËREN VOOR UW KLANT.

Vanuit het perspectief van een dienstverlener is het verwerven van een nieuwe klant belangrijk op de wereldmarkt. Deze cyclus van klantenwerving duurt doorgaans lang, niet alleen vanwege de contractuele en juridische implicaties, maar ook omdat klanten hun beslissingen over werktoewijzing vaak baseren op "de waarde die de organisatie zal winnen" door de dienstverlener (of verkoper) bij de organisatie te betrekken.

Het werken met nieuw verworven klanten of bestaande klanten blijkt in het huidige bedrijfsklimaat uiterst moeilijk te zijn voor de dienstverleners als gevolg van de economische vertraging, de afbouw van de activiteiten, de harde concurrentie, het effect op de prijzen en de hogere exploitatie- en onderhoudskosten, enz. Bijgevolg zijn zij genoodzaakt betere diensten te zoeken tegen een lagere prijs.

Anderzijds is de dienstverlener, wanneer het bedrijf eenmaal is overgenomen, geneigd enigszins zelfgenoegzaam te worden in de overtuiging dat de klant zal blijven en dat het bedrijf kan worden beheerd zoals het komt. De relaties tussen de klant en de dienstverlener kunnen gespannen raken als de aandacht voor het opbouwen van relaties niet positief wordt gevoerd. Dit kan leiden tot het ontstaan van scheuren.

De klanten van vandaag zien dienstverleners als zakenpartners en zijn bereid hun bedrijfsecosysteem te delen om de dienstverlener te helpen begrijpen hoe zij zaken doen. Het moet lijken op een zakelijk huwelijk en een versterking van elkaars kerncompetenties in plaats van een eenmalig partnerschap.

Klanten zijn steeds meer geïnteresseerd in het ontwikkelen van langetermijnrelaties met hun dienstverleners en het opzetten van een gemeenschappelijk platform voor het uitwisselen van zakelijke vereisten voor een gemeenschappelijk doel.

De moderne dienstverlener moet zich richten op het verbeteren van de bedrijfservaring van de klant voor zijn organisatie, klanten en concurrenten. Welk type dienst, product, of tool propositie en implementatie kan de klant een concurrentievoordeel geven ten opzichte van zijn rivalen?

Vanuit het perspectief van de klant bestaat zijn state of mind uit hoe drastisch hij zijn bottom line of top line kan verhogen en hoe hij zijn klantenbestand en omzetdoelstellingen kan vergroten, of hoe hij de operationele, technische of servicegerelateerde problemen die het bedrijf beïnvloeden kan minimaliseren of hoe hij de exploitatie- en onderhoudskosten van zijn IT-diensten kan verlagen.

De meeste professioneel beheerde wereldwijde organisaties die zich bezighouden met leveranciersbeheer en hun producten of diensten uitbesteden of beide, hebben bedrijfsplannen voor de korte, middellange en lange termijn om aanzienlijke bedrijfsvoordelen te halen uit dienstverleners en meten deze als onderdeel van een BLA, SLA of OLA.

Deze overeenkomsten worden doorgaans bij aanvang van een contractuele relatie goed uitgewerkt en regelmatig met de dienstverlener herzien.

De diensten van dienstverleners (verkopers) zijn niet langer gerechtvaardigd op basis van de hoeveelheid geld die hen per uur wordt betaald en hun vermogen om, volgens de contractuele voorwaarden, aan te tonen wat is bereikt om betaling te ontvangen. In termen van waarde advertenties verwachten klanten veel meer room dan een dollar als weggevertje.

Klanten verwachten dat dienstverleners meerdere positieve effecten op hun bedrijf zullen hebben. Daarom is het absoluut noodzakelijk dat dienstverleners dit plannen en voortdurend aantonen welke waarde zij voor hun klanten creëren.

Het is voor dienstverleners essentieel geworden om voorstellen met toegevoegde waarde te ontwikkelen voor de bedrijfsgroei van de klant en om plannen te maken voor de demonstratie van de capaciteiten van de klant om meer vertrouwen te tonen.

Voor een dienstverlener moet de ervaring met een nieuw verworven klant analoog zijn aan een sportevenement waarbij de eerste minuten essentieel zijn. Als u een professionele wedstrijd laat zien met een winnende houding en vertrouwen in het bereiken van resultaten, zijn uw kansen om een nieuwe klant binnen te halen zeer goed. Ook als ervaren speler moet u elke wedstrijd winnen om geloofwaardig over te komen.

De dienstverleners van vandaag moeten zich houden aan de stelregel "Win de klant elke dag". Elke kleine actie van de dienstverlener moet leiden tot het gewenste resultaat voor de klant. Dit vereist interactie met de klant vanuit een zakelijk perspectief en een strikter beheer van de klantervaring.

Een paar enquêtes van dienstverleners wijzen misschien op een groter aandeel klantgerichte strategieën, maar de realiteit is dat slechts een fractie van de klanten het daarmee eens is.

Hoogtepunt van de sessie: Als dienstverlener in een veranderende bedrijfsomgeving is het essentieel om je aan te passen aan de bedrijfsomgeving van je klant en je snel aan te passen om aan te tonen dat de veranderende doelen van de klant ook jouw doelen zijn.

Als de klant bijvoorbeeld de totale kosten met 10% wil verlagen, wat zal dan het voorstel van uw dienstverlener zijn voor het optimaliseren en consolideren van diensten? U moet uw klant het gevoel geven dat u integraal deel uitmaakt van zijn missie.

HOOFDSTUK 3: BELANG VAN WAARDECREATIE.

In technische terminologie werkt het concept van een "perpetuum mobile machine" op basis van het produceren van meer output dan input; evenzo verwacht het bedrijfsleven een grotere productie per uitgegeven dollar.

1. Klantenorganisaties voelen om verschillende redenen de behoefte om wereldwijd waarde te creëren.

2. Klanten zoeken differentiators die hun bedrijfsresultaten positief kunnen beïnvloeden.

3. Als onderdeel van hun bedrijfsfilosofie hebben bedrijven de neiging om meer te krijgen met minder uitgaven.

4. Marktdruk, hevige concurrentie, bedrijfscomplexiteit en groeitrajecten zetten

hen onder zware druk om meer te doen met minder.

5. Om te overleven moeten managers van klantorganisaties indruk maken op hun management door deze andere voordelen van hun dienstverleners te verwerven.

6. Het is mogelijk om dienstverleners te vergelijken en te selecteren op basis van de toegevoegde waarde die zij leveren aan het bedrijf.

7. De klant verwacht dat de dienstverlener een groeipartner is.

Wat is het proces van waardecreatie?

De definitie van waardecreatie kan voor elke klant anders zijn, afhankelijk van zijn bedrijfsdoelstellingen en pijnpunten; in vereenvoudigde zin kan het echter de handeling van een dienstverlener zijn die een klant tevreden stelt (tijdens de creatie, implementatie of het beheer van een dienst of product) door een rendement te bieden dat hoger is dan de investeringen van de klant of de kosten van de diensten.

Als contractuele vereiste wordt het soms een freebie genoemd omdat het gratis bij de geleverde dienst of het geleverde product wordt geleverd.

Waardecreatie onderscheiden van betaalde diensten:

Bij veel professionals heerst voortdurend verwarring over het onderscheid tussen waardecreatie en betaalde diensten.

Een klantorganisatie kan bijvoorbeeld niet verbaasd zijn als u diensten en of producten levert volgens contractuele betalingsvoorwaarden; de waarde die voor diezelfde klant wordt gecreëerd kan echter groter zijn dan de betaalde dollarwaarde en worden uitgedrukt in termen van tastbare of ontastbare voordelen, zoals rendement op investering, verbeterde klanttevredenheid in de klantorganisatie, vermindering van het totale aantal zakelijke problemen of vraagstukken, of een toename van het klantenbestand.

Details van waardecreatie worden niet in contractuele termen gekwantificeerd in de werkomschrijving of kooporder, maar zijn de facto en vaak ongeschreven verwachtingen van de klant. In sommige gevallen moet de dienstverlener ze blootleggen en onder de aandacht van de belanghebbenden van de klant brengen om hun vertrouwen te verdienen.

Waardecreatie heeft een langdurige impact op het algemene bedrijfsklimaat van de organisatie van de klant.

Strategie voor het creëren van waarde:

Waarom strategie inzetten?

Als gevolg van de explosieve groei van de vraag naar IT-diensten zijn organisaties van dienstverleners onlangs begonnen in hun kernbeginselen voor klantgericht werken te vermelden dat zij geloven in de ontwikkeling van een bedrijfsstrategie om meer waarde te leveren. Deze strategieën kunnen het vertrouwen van de klant vergroten door aan te sluiten bij zijn zakelijke doelstellingen of zorgen en hem gerust te stellen.

In zekere zin is het creëren van waarde voor een klant een continu proces dat moet worden herzien naarmate de zakelijke doelstellingen of zorgen van de klant veranderen in reactie op zijn zakelijke omgeving.

Hoogtepunt van de sessie: De bedrijfsstrategie die een dienstverlener voor zijn klant moet ontwikkelen, moet minstens twee keer de omvang van de contractwaarde creëren die hij van de klant ontvangt.

Verschillende niveaus van waardecreatie:

Het creëren van klantwaarde gebeurt op vele manieren en vereist een uitgebreid begrip van de stakeholders van de klant, het bedrijf, de technologie en de activiteiten. Tot de belanghebbenden van de klantorganisatie behoren personeel, hoger management, eindgebruikers, klanten en andere leveranciers.

Afhankelijk van hun problemen, vraagstukken, zorgen en bedrijfsdoelstellingen kan de waarde die door elk individu wordt waargenomen variëren. De dienstverlener moet met al deze factoren rekening houden wanneer hij diensten verleent aan een organisatie.

De door de dienstverlener gecreëerde waarde varieert in smaak en is afhankelijk van de omstandigheden. Het is een continu proces dat wordt gecreëerd op het niveau van de instantie. Het kan voor het gemak grofweg in twee niveaus worden ingedeeld.

Strategisch of bedrijfsniveau: Op bedrijfsniveau is waardecreatie het geaggregeerde effect op de bedrijfsomgeving als resultaat van de dienst of het product dat door de dienstverlener wordt geleverd, en wordt gekwantificeerd in termen van aantallen, percentages, factoren, enz. Het berekenen en bepalen van bedrijfswaarde is moeilijk en kan soms misleidend zijn. Vaak is de waardering van waardecreatie ongrijpbaar.

Goede voorbeelden van de tastbare waardecreatie van een dienstverlener zijn het aantal nieuwe klanten dat de klant heeft verworven dankzij de uitzonderlijke prestaties van de dienstverlener en het percentage of dollarbedrag van de omzetgroei.

Immateriële waarden zijn moeilijk te kwantificeren; daarom zouden zij kunnen worden omschreven als het vermogen van de dienstverlener om de klant te helpen bij de consequente toepassing van de regelgevingsnorm, de handhaving van de naleving van de voorschriften, het bieden van bedieningsgemak, of het vinden van moeilijke vaardigheden wanneer het bedrijf die dringend nodig heeft.

Op operationeel niveau kan waardecreatie materieel of immaterieel zijn, afhankelijk van de bedrijfsomgeving van de klantorganisatie. Waardecreatie op operationeel niveau kan al dan niet een wereldwijde impact hebben op de bedrijfsomgeving. Het heeft een meer lokale focus.

Voorbeelden van tastbare waardecreatie door een dienstverlener zijn SLA-gebaseerde verbeteringen, hoge systeembeschikbaarheid, een vermindering van de downtime met een percentage, en een verbetering van de reactietijd met een percentage. Immateriële waardemaatregelen omvatten het hoogste niveau van samenwerking, uitstekend teamwerk en naleving van processen.

De waarde die voor elke stakeholder van de klantorganisatie wordt gecreëerd, wordt globaal ingedeeld op bedrijfs- en operationeel niveau.

HOOFDSTUK 4: STRUCTUUR VOOR WAARDECREATIE.

Elke dienstverlener moet een klantspecifiek kader voor waardecreatie ontwikkelen dat is afgestemd op de bedrijfsomgeving van de klant en dat voortdurend kan worden gebruikt om waarde toevoegende instanties te genereren. Het kader biedt de teamleden van de dienstverlenende organisatie veel consistentie en een duidelijk inzicht.

Een dergelijk kader moet functioneren als een waardecreatiemotor en ondersteund worden door instrumenten en processen om voortdurend de polsslag van de klant vast te leggen. De dienstverlener moet hierin wellicht investeren, gezien de uitbreiding van zijn bedrijf en zijn klantrelatie.

Waardeproposities begrijpen en een strategie ontwikkelen:

Doorgaans begint de waardecreatie op de eerste dag van de klantbetrokkenheid. De dienstverlener en zijn team moeten een gezamenlijke inspanning leveren om elke activiteit die de waarde van de klant verhoogt methodisch te plannen. Wanneer een klant een nieuw serviceverzoek indient, moet de dienstverlener voorrang geven aan het leveren van andere waarde boven goedkope diensten.

Vaak is een klant niet duidelijk of uitgesproken over wat echt een verschil kan maken voor zijn bedrijf; in dergelijke gevallen moet de dienstverlener zijn begrip van de waarde die de organisatie van zijn klant kan winnen door specifieke taken uit te voeren, valideren. Dit kan worden bereikt via verschillende discussieforums en door de reikwijdte van het werk te onderzoeken.

Hier volgen enkele inputs die kunnen helpen bij de ontwikkeling van een gestructureerd plan voor waardecreatie.

1. Bepaal wat de klant erin waardeert;

2. Maak onderscheid tussen de technologische en zakelijke aspecten van klantbetrokkenheid;

3. Bepaal welke functies en diensten van het grootste belang zijn voor de klant;

4. De grootste uitdagingen, kwesties, beperkingen of problemen van de klant identificeren; en

5. Spreek met belanghebbenden zoals technische teamleiders, eindgebruikers, klanten en senior management om de zakelijke vereisten en impact te begrijpen.

6. De omgeving, markt, klanten, locatie, industrie en cultuur van de klant begrijpen. Begrijpen hoe klantintimiteit en samenwerking kunnen worden verbeterd.

7. Een gedeeld begrip en definitie van waarde met de klant tot stand brengen.

Plan voor waardecreatie uitvoeren:

De uitvoering van het waardecreatieplan binnen de organisatie van de dienstverlener vereist concentratie en consensus. Elke medewerker die betrokken is bij de dienstverlening aan de klant moet een duidelijk inzicht hebben in de waarde die in de loop van de tijd aan de klant moet worden geleverd en de methode waarmee deze informatie kan worden gecommuniceerd aan het management van zowel de klantorganisatie als de dienstverlenende organisatie.

Het waardecreatieplan moet een aantal voorstellen overwegen die waarde toevoegen op technologie-, proces-, tool- of bedrijfsniveau die de klant ten goede kunnen komen; elk voorstel moet worden geëvalueerd in het licht van de bedrijfsomgeving van de klant.

De dienstverlenende organisatie moet geloven in een open cultuur van werken met klanten en formeel durven wijzen op ambiguïteit, blinde vlekken en probleemgebieden om de negatieve impact op het bedrijf van de klant te minimaliseren.

Elk element van een voordeel dat waarde kan toevoegen voor elke stakeholder van de klantorganisatie moet in overweging worden genomen. Soms hebben voorstellen met toegevoegde waarde zowel voordelen op korte als op lange termijn.

Tijdens de uitvoering van een voorstel met toegevoegde waarde moet de nadruk liggen op het behoud van waardevolle middelen die een aanzienlijke waarde voor de klantorganisatie kunnen genereren.

Vastleggen, kwalificeren en kwantificeren van gevallen van waardecreatie:

Vaak verrichten teams van een dienstverlenende organisatie veel werk met toegevoegde waarde voor hun klant, maar verzuimen zij zichtbaarheid te geven aan de klant en het management van de dienstverlenende organisatie, zodat het onopgemerkt blijft. Dit benadeelt het team van de dienstverlener omdat het de kans verliest om erkend te worden.

Een ander nadeel is dat het senior management van de dienstverlenende organisatie het perspectief mist en daardoor de kans mist om best practices aan te tonen aan andere potentiële klanten. Bijgevolg bieden het kader voor waardecreatie en de verspreiding ervan onder het team van de dienstverlenende organisatie de juiste oplossing voor dit probleem.

Waardecreatie transformeert de bedrijfsstatus van de klant op een manier die hem concurrerender maakt en hem in staat stelt zijn bedrijfsdoelstellingen snel te bereiken.

Het meten van waardecreatie vereist de implementatie van een systematisch proces om ervoor te zorgen dat alle gevallen van waardetoevoeging worden vastgelegd, gekwantificeerd, weergegeven en goedgekeurd door de klant.

Dit draagt bij tot een meer overtuigende basis voor het versterken en cultiveren van de relatie. Doorgaans ervaren klanten de effecten van diensten met toegevoegde waarde die zij van dienstverleners hebben ontvangen.

Het is essentieel te kwalificeren wat voor een specifieke klant een dienst met toegevoegde waarde is, en dit wordt bereikt door nauwe samenwerking en frequent overleg met vertegenwoordigers van de klantorganisatie op alle niveaus.

De focus van de kwalificatie van een dienst met toegevoegde waarde komt voort uit de bedrijfsomgeving van de klant, en het is essentieel om knelpunten, obstakels en problemen te identificeren door middel van een voortdurende dialoog, evaluatievergaderingen en managementpresentaties.

Zodra de kenmerken van in aanmerking komende waarde-elementen zijn vastgesteld, kan een proces en/of instrumenten worden ontworpen om ze met de gewenste frequentie vast te leggen, te kwantificeren en te meten. Het is ook essentieel om met de klant na te gaan of hij in aanmerking komt.

Als een klant bijvoorbeeld bij de implementatie van een nieuw bedrijfsproces via een IT-systeem te maken krijgt met verandermanagementproblemen bij zijn personeel en u bent een IT-systeemdienstverlener, dan kunt u hem een veranderingsfacilitator aanbieden die dit probleem effectief kan aanpakken om mislukte implementaties te voorkomen. Bijgevolg is de kwalificatie van wat werkelijk van waarde zal zijn voor de klant van het grootste belang.

De kwantificering gebeurt onmiddellijk na de vaststelling van de gekwalificeerde waarde van de klant.

Het kwantificeren van een element van toegevoegde waarde vanaf de onbestaande of minimale staat tot de tastbare vorm nadat u, als dienstverlener, eraan gewerkt hebt, kan uw succes aantonen. Of het nu gaat om een klant of een dienstverlener, het kwantificeren van toegevoegde waarde in meetbare termen biedt altijd een vergelijkende referentie-indicator binnen de organisatie en vaak ook tussen concurrenten.

Deze waardekwantificering gebeurt op vele manieren, zoals met getallen, percentages, of op een schaal van 0 tot 5 of 0 tot 10. Een nauwkeurige berekening van waardetoevoegende maatregelen op tijd en met een logische periodiciteit levert een goede trend op waarmee de dienstverlener meer kan bereiken, terwijl het periodiek tonen van deze trend het vertrouwen van de klant vergroot.

HOOFDSTUK 5: EVALUATIE VAN WAARDECREATIE.

Het meten van waardecreatie vereist een duidelijk begrip en definitie van maatregelen, tijdige vastlegging en overtuigende communicatie met de klant.

Waardecreatie vindt anders plaats en gaat door totdat de dienstverlener begint te werken met de klantorganisatie. Deze maatstaven moeten ook de prestaties van instrumenten, processen en mensen meten om te bepalen of zij op waarde gebaseerde resultaten produceren.

Hieronder volgen enkele typische statistieken die bewijzen dat er waarde wordt gecreëerd.

Customer Delight Index (CDI): Dit is een van de maatregelen die dienstverleners kunnen gebruiken om de mate van klanttevredenheid te bepalen. Deze metriek kan op regelmatige tijdstippen worden verzameld.

De stijgende trend in CDI en de consequente handhaving ervan op het hoogste niveau geeft aan dat de klant tevreden is met de kwaliteit van uw diensten. Men kan bepalen welke aspecten van de dienstverlening het meest bijdragen aan de klanttevredenheid.

Enkele voorbeelden van klanttevredenheid zijn de tijdige levering van diensten gedurende een opdracht of periode, het aantonen van een serviceniveau dat de overeengekomen SLA overtreft, en reactietijden van vragen die aanzienlijk sneller zijn dan de overeengekomen tijdlijn.

Het gebruik van innovatieve technieken en concepten tijdens de dienstverlening aan een klant kan de verwerkingscapaciteit verbeteren door de systeemuitval te verminderen.

Als u bijvoorbeeld verantwoordelijk bent voor het onderhoud van de IT-systemen van klanten, die vroeger vier tot zes uur per week stilstonden, en u hebt innovatief betere onderhoudsprocedures en -tools ontwikkeld om die stilstand drastisch terug te brengen tot slechts één of twee uur, kunt u in aanmerking komen voor een bonus. Dit is een uitstekend voorbeeld van toegevoegde waarde om aan uw klant te laten zien.

Na het vastleggen van de metriek met toegevoegde waarde is het noodzakelijk om deze in het juiste forum weer te geven. Dienstverleners kunnen de resultaten van hun inspanningen om diensten met toegevoegde waarde te creëren delen met klantenorganisaties tijdens periodieke management-, bedrijfs- en voortgangsbeoordelingen.

Om een gunstige omgeving te creëren en aan te tonen dat zij afgestemd zijn op de bedrijfsdoelstellingen of -zorgen van de klantorganisatie, kiezen dienstverleners vaak contractverlengings- of verlengingsperiodes uit om waardevermeerdering met klanten te bespreken.

Dergelijke diensten met toegevoegde waarde worden op teamniveau met de klant gedeeld door middel van case studies of best practices. Een van de essentiële aspecten om te bepalen of wij al dan niet waarde hebben gecreëerd voor onze klanten kan worden aangepakt door een extern perspectief te krijgen. U kunt dit perspectief krijgen door te spreken met een analistengroep, een concurrent of een onderzoeksorganisatie.

Dit is enigszins gecompliceerd vanwege de vertrouwelijkheid en soms de ambiguïteit van waardetoevoegende maatregelen. Dienstverleners kunnen het perspectief van een derde partij gebruiken om de waardecreatie voor grote klantenorganisaties te begrijpen.

Het beoordelen van de pols van de klant en zijn goedkeuring van waardecreatie voor het door de dienstverlener uitgevoerde werk geeft ook aan of de stakeholders in de klantorganisatie al dan niet tevreden zijn en of de relatie een win-win is.

Hoogtepunten van de sessies zijn:

Het kader voor waardecreatie is een troef op lange termijn voor de klantorganisatie die hem vertrouwen en zicht geeft op wat de dienstverlener kan doen om zijn bedrijfswaarde te verhogen.

Tools voor waardecreatie: Organisaties van dienstverleners kunnen voor meerdere klanten specifieke instrumenten hebben gecreëerd en geïmplementeerd, waarvan sommige identiek kunnen zijn voor soortgelijke opdrachten. Afhankelijk van de bedrijfsomgeving van de klant kan het nodig zijn om tools te ontwikkelen die, als ze effectief worden gebruikt, de klant meer voordelen en waarde kunnen bieden.

Het is essentieel om na te denken over die tools die snel resultaten kunnen opleveren voor de klantorganisatie. Dit moet gebeuren voordat de klant gelooft dat hij geen waarde meer krijgt van de dienstverlener.

Hieronder volgen voorbeelden van aanbevolen instrumenten:

Veel dienstverleners maken steevast gebruik van return on investment (ROI)-modellen om de waarde aan te tonen die engagementen in de loop van de tijd opleveren. De keuze van de parameters voor input en output maakt ROI-berekeningen een uitdaging.

1. Herbruikbare componenten: Dit is een van de grootste troeven die een dienstverlener kan uitspelen, aangezien herbruikbare componenten een positieve impact kunnen hebben op de deliverables en de output van de organisatie van de dienstverlener, waardoor fouten worden verminderd, tijd wordt bespaard en een voorsprong wordt genomen bij klantengagementen.

Als een dienstverlener nog niet over herbruikbare componenten beschikt, kan hij die voor zijn klant creëren, zodat de klantorganisatie ze kan gebruiken zonder andere tijd en moeite. Het wordt een troef die waarde toevoegt.

Bovendien is het berekenen en demonstreren van de dienst of het product met toegevoegde waarde aan een klantorganisatie die het regelmatig gebruikt relatief eenvoudig. Sets van requirement/use cases, test cases, templates, objecten en platforms zijn typische voorbeelden van herbruikbare componenten, net als standaard business process flows voor een bepaald bedrijfsproces of product.

2. Klanttevredenheidsonderzoek: Een klanttevredenheidsonderzoek is een van de meest effectieve methoden die bijna elke dienstverlener gebruikt om het niveau van de aan de klant geleverde diensten met toegevoegde waarde te meten.

Veel dienstverlenende bedrijven hebben voor hun klanten enquêteportalen gebouwd om feedback te verzamelen over hun diensten met toegevoegde waarde voor verschillende belanghebbenden. De antwoorden op de enquête omvatten specifieke vragen en scores die de door de dienstverleners geleverde diensten/producten met toegevoegde waarde beschrijven.

3. Ideeëngeneratie en innovatiemodellen: Dit is een van de hoogste en meest populaire verwachtingen die klantorganisaties hebben van hun dienstverleners, en in vernieuwingscontracten worden deze aspecten vaak uitgebreid behandeld.

De klantorganisatie wil weten welk kader de dienstverlener heeft ontwikkeld, welke componenten aantoonbaar zijn, en of de middelen elk probleem en vraagstuk creatief beschouwen, enz. In werkelijkheid komt de oorsprong van diensten met toegevoegde waarde volledig voort uit nieuwe oplossingen.

Veel dienstverlenende organisaties hebben portalen, kaders en initiatieven voor het stimuleren van door werknemers gegenereerde innovatie en ideeën die kunnen worden toegepast om diensten met toegevoegde waarde aan hun klanten te leveren.

4. Waardenregister: Het bijhouden van een waardenregister en het snel registreren van alle gevallen van diensten met toegevoegde waarde die aan de klant worden geleverd, is een eenvoudige

aanpak voor het vastleggen van alle gevallen van toegevoegde waarde voor de klant gedurende de opdrachten.

5. Motiverende hulpmiddelen: Veel dienstverlenende organisaties gebruiken motiverende instrumenten met prikkels, beloningen, enz. om het genereren van nieuwe, creatieve en innovatieve ideeën aan te moedigen.

Vaak geven klantenorganisaties ook certificaten en geldelijke beloningen aan dienstverleners als erkenning voor hun uitzonderlijke bijdragen en diensten met toegevoegde waarde. Voorbeelden hiervan zijn het bieden van out-of-the-box oplossingen voor problemen van klanten of problemen die niet typisch zijn voor de dagelijkse werkzaamheden.

6. Het gebruik van best practices is vergelijkbaar met het gebruik van herbruikbare componenten. Als gevolg van het feit dat veel dienstverleners in meerdere klantomgevingen werken, worden de best practices van andere klantaccounts en -opdrachten opgeslagen in een repository en

toegepast wanneer zich soortgelijke situaties bij andere klanten voordoen.

Het gebruik van best practices om vraagstukken of problemen van klanten aan te pakken is zeer effectief wanneer de bedrijfsomgeving en omstandigheden identiek zijn. Dit voegt aanzienlijke waarde toe aan de organisatie van de klant.

7. Klantspecifieke instrumenten: Relatiebeheer en zichtbaarheid op managementniveau zijn van het grootste belang bij grotere klantenaccounts. De meeste dienstverleners spannen zich in om programmadashboards, scorekaarten, SLA management dashboards en rapportageportalen te creëren om de prestaties, voortgangstrends op verschillende metrieken en de algemene accountgezondheid weer te geven. Deze dienst biedt waarde aan de klantorganisatie.

8. Tools voor escalaties en probleembeheer: Dit zijn vrij gebruikelijke maar essentiële tools, vooral voor grote klantenaccounts. Het duidelijke toegevoegde voordeel van dergelijke oplossingen voor

de klant is een grote afname van de tijd en moeite die nodig is om geëscaleerde problemen en escalaties te verwerken.

Wanneer het de business negatief beïnvloedt, is het essentieel om informatie te delen met de nodige partijen, zoals wanneer problemen ontstaan of escaleren, wie ze aanpakt en wat de oplossing is. Met deze tools kunt u een uitstekende workflow en end-to-end proces ontwerpen.

Veel dienstverlenende bedrijven vullen de issue- en escalatiedatabases in voor toekomstig probleembeheer. Zelfs voor kleinere klantenaccounts biedt een eenvoudig op Excel gebaseerd issue-/escalatieregister met de nodige feiten een solide opslagplaats, en dergelijke eerdere gebeurtenissen kunnen nuttig zijn voor toekomstige problemen van soortgelijke aard.

9. Six sigma-tools: Six sigma-tools zijn zeer effectief en resultaatgericht. Zij helpen teams van dienstverleners bij het vastleggen van de Voice of the Customer (VOC) in de definitiefase. Critical to Quality

(CTQ) maatregelen worden geïdentificeerd en gevolgd gedurende de gehele verbeteringscyclus.

Six sigma tools zijn voldoende om waarde aan te tonen, aangezien six sigma projecten normaal gesproken twee tot drie maanden in beslag nemen. Aangezien de technologie algemeen wordt gebruikt en geaccepteerd, is het eenvoudig om klanten te overtuigen van de voordelen van het gebruik ervan om waardevermeerdering aan te tonen.

Hoogtepunten van de sessie zijn onder meer: Tools zijn de middelen waarmee dienstverleners voortdurend beter kunnen presteren voor hun klanten tegen lagere kosten.

Kortom, waarde creëren voor uw klant is geen eenmalige oefening om een glimlach op zijn gezicht te toveren, maar een continu proces van het implementeren van een bedrijfsstrategie ondersteund door innovatieve oplossingen en het beheren ervan gedurende de hele klantbetrokkenheid om meetbare 2x rendement op zijn investeringen aan te tonen.

HOOFDSTUK 6: VERKOOPWAARDE EN HOE HET UW PRODUCT BEÏNVLOEDT.

De consument bepaalt meestal wat waardevol is. Je doet wat het beste is voor de consument (zoals eerder vastgesteld) of je doet het niet. Vanuit het oogpunt van de consument betekent "toegevoegde waarde" niets. Het voegt geen significante waarde toe aan het product zelf. De basiswaarde van het product zal op zichzelf moeten staan.

Consumenten zullen kopen van een verkoper die echt geïnteresseerd is in hun behoeften en geen "extra" artikelen aanbiedt om te verkopen.

Ik heb jarenlang geprobeerd vertegenwoordigers ervan te overtuigen dat de waarde die zij "brengen" van henzelf afkomstig is. Het is niet iets dat het bedrijf aanbiedt ter compensatie van hun onvermogen om de consument en zijn wensen te begrijpen.

Beweren dat je een dienst met toegevoegde waarde aanbiedt, is hetzelfde als tegen een potentiële klant zeggen: "Koop deze auto bij mij omdat de banden op spanning zijn."

Om waarde te geven moet men in eerste instantie het perspectief van de koper aannemen. Begrijp dat de koper altijd probeert te voldoen aan zijn of haar wensen en eisen, nooit aan de uwe. Aan u wordt niet gedacht! Het gaat altijd om hen en nooit om u.

Vier niveaus van tevredenheid van de koper:

U moet voldoen aan de verwachtingen van de consument. Bedenk hoe u dit kunt bereiken met uw product of dienst. Begrijp dat het product of de dienst voldoet aan de eisen van de klant, niet aan een toegevoegde waarde. Niets dat aan de goederen of diensten wordt toegevoegd kan u helpen de verwachtingen van de klant te vervullen.

Ik suggereer niet dat de extra's onbelangrijk zijn. Ik bedoel dat het product bepaalde verwachtingen in zich draagt, waaraan voldaan moet worden, anders gaat de koper elders op zoek. De verwachtingen zijn gericht op het product, niet op uw toegevoegde waarde.

Kunt u voor uw eerste gesprek een lijst van twintig waarschijnlijke verwachtingen van de koper geven?

Kunt u aantonen hoe uw product aan deze eisen voldoet zonder superlatieven te gebruiken? Maak een lijst van twintig items die voldoen aan de eisen van de koper. Voeg de volgende dag nog eens twintig items aan de lijst toe.

Zodra de potentiële koper ervan overtuigd is dat u aan zijn verwachtingen kunt voldoen, moet u aantonen dat u ze kunt overtreffen. U moet zich voortdurend afvragen hoe u de verwachtingen van potentiële kopers kunt overtreffen - door wat toe te voegen aan het aanvankelijke aankoopproduct.

Hier biedt u toegevoegde waarde.

Bedenk twintig manieren waarop u de verwachtingen van uw potentiële kopers kunt overtreffen. Bekijk deze factoren vanuit het perspectief van uw nieuwe klanten om te zien of u op koers ligt. Zo niet, ga dan terug en genereer nog twintig ideeën. De volgende dag voegt u nog eens twintig punten aan de lijst toe.

Vervolgens moet u de klant blijven behagen na het moment van verkoop. Dit wordt ook wel "verkoopstevredenheid" genoemd. U moet het onderscheid begrijpen tussen tevredenheid en plezier. Vraag uzelf voortdurend af: "Hoe kan ik mijn klant plezieren? Vervolgens bedenkt hij middelen om de klant tevreden te stellen. Kunt u twintig methoden bedenken om uw klanten te plezieren?

Overweeg je morgen twintig extra woorden?

Hoe wilt u de veranderingen van vandaag doorvoeren?

Wat zijn je plannen voor de volgende dag?

U weet dat indruk maken op de potentiële koper in elke fase van het verkoopproces essentieel is om de beste te zijn. Uiteindelijk moet u de kracht van het ontzag begrijpen. Stop nu en bedenk twintig manieren waarop u uw potentiële koper kunt verbazen vanaf het eerste contact totdat hij u doorverwijst naar zijn vrienden. De volgende dag kunt u er nog twintig bedenken. Plan hoe u deze maatregelen wilt toepassen.

Waarde vereist dat u uw koper begrijpt! Uw product is uw waarde, en uw product is van u. Zonder u is uw product niets meer dan handelswaar. Professionals in de verkoop nemen het product, voegen zichzelf toe aan de mix en genereren een enorme waarde voor potentiële kopers.

HOOFDSTUK 7: HET CREËREN VAN ONWEERSTAANBARE AANBIEDINGEN DIE DIRECT TOT ACTIE LEIDEN IS EEN TOEGEVOEGDE WAARDE.

Waarde toevoegen betekent klanten meer bieden dan zij elders zouden kunnen krijgen. De meeste mensen zijn tegenwoordig waardegedreven. Niet de prijs is het belangrijkst; de toegevoegde waarde die zij krijgen rechtvaardigt de kosten van uw widget.

Bied uw klanten aanzienlijk meer gebruikswaarde dan u aan financiële waarde krijgt. Wanneer u bij elke aankoop meer biedt, ervaren kopers die aankoop als waardevoller. Deze toegevoegde waarde geeft u een duidelijk en onmiskenbaar concurrentievoordeel ten opzichte van alle andere bedrijven die vergelijkbare producten verkopen.

Het doel hier is de waarde te verhogen van wat u verkoopt. Maak het veel voordeliger en waardevoller voor de koper om bij u te kopen. U wilt dat de koopbeslissing een "no-brainer" in uw voordeel is vanwege de aanzienlijke toegevoegde waarde die u biedt.

Andere bonussen bij elke aankoop is een eenvoudige manier om de waarde te verhogen. Zo kunt u bij elke laptop een mooie tas, bij elke pastamaker een schort of bij elke boormachine een hoogwaardige gereedschapsriem leveren. Veel van dergelijke beloningen zijn verkrijgbaar bij gespecialiseerde verkopers in bulk en tegen betaalbare prijzen.

Het verstrekken van gratis gedrukte rapporten, audiotapes, films of cd's is een eenvoudige en goedkope methode om waarde te bieden. Het doel is de koper tijdig nuttige informatie te verstrekken. Hopelijk is het ook iets wat hij of zij elders niet kan ontdekken.

Vaak kunnen deze "extra's" tegen zeer lage kosten worden nagemaakt, maar de gepercipieerde waarde die zij aan een product toevoegen kan honderd keer of meer waard zijn dan de werkelijke kosten.

Een belangrijk onderdeel van effectief schrijven is een overtuigend aanbod. Hoe overtuigender uw aanbod is voor potentiële klanten, hoe groter de kans dat u de deal sluit. Veel direct response-specialisten zijn het erover eens dat als u uw resultaten wilt verhogen, u uw aanbod moet verbeteren. Een beter aanbod betekent meer waarde. Kopers krijgen meer waarde voor hun geld.

Er zijn veel goede voorbeelden van marketing met toegevoegde waarde op televisie. U kunt de televisie altijd en 's nachts aanzetten en getuige zijn van vele voorbeelden van andere waarden.

Met dit ene uitgangspunt wordt het Ginsu-mes al jaren commercieel verkocht. U krijgt meerdere messen voor één lage prijs. "Koop de wereldberoemde Ginsu Deluxe, en u ontvangt ook dit en dit, en als u binnen de volgende acht minuten bestelt, ontvangt u ook dit unieke extra item gratis!". De marketeers van het merk Ginsu hebben miljoenen pakketten verkocht met deze strategie van toegevoegde waarde.

Kijk naar een willekeurige infomercial op televisie en u zult zien dat dezelfde aanbiedingen met toegevoegde waarde consequent worden toegepast. Waarom? Omdat ze uitzonderlijk goed werken.

Boeken- en CD-clubs gebruiken het concept van toegevoegde waarde om een deel van deze waardevolle markt te verwerven. Hoe kunnen zij mensen aantrekken die gewend zijn boeken en cd's te kopen in het plaatselijke winkelcentrum? Door vooraf een uitzonderlijke waarde te bieden. "5 boeken voor $5" of "Kies 3 cd's GRATIS bij uw eerste bestelling" zijn voorbeelden van aanbiedingen met een hogere toegevoegde waarde die in de eerste plaats bedoeld zijn om nieuwe consumenten aan te trekken.

Bijna elke organisatie kan waarde bieden met eenvoudige informatieproducten. Maak dingen met toegevoegde waarde en "voorkennis" waar uw klanten baat bij hebben. Het kan zijn hoe zij meer uit hun nieuwe apparatuur kunnen halen, hoe zij deze kunnen onderhouden zodat deze langer meegaat en jarenlang betrouwbaar presteert, of hoe zij hun nieuwe widget op verschillende manieren in huis of op kantoor kunnen gebruiken.

Een ander alternatief is kopers te voorzien van informatie die zij waarschijnlijk waardevol zullen vinden. Bijvoorbeeld, een aardbeienkwekerij zou een of twee fantastische recepten voor aardbeientaartjes, -taartjes of -taartjes kunnen geven. Het is niet moeilijk om de perceptie van toegevoegde waarde te creëren. Dit is een eenvoudig, betaalbaar en passend voorbeeld van toegevoegde waarde.

Het bieden van extra waarde creëert een situatie waarin alle partijen tevreden zijn met de aankoop. Uw consumenten krijgen meer waar voor hun geld en delen hun positieve ervaringen graag met anderen. De toevoeging van waarde verhoogt de verwijzingsactiviteit. Naarmate de unieke voordelen die uw bedrijf biedt zich verspreiden, krijgt u een groter consumentenbestand.

Hoe kunt u de gepercipieerde waarde van uw huidige aanbod verbeteren? Een klein beetje inventiviteit kan uw verkoopaanbod aanzienlijk aantrekkelijker maken, en een verleidelijk aanbod trekt veel meer geïnteresseerde klanten aan.

HOOFDSTUK 8: HOE U DE WAARDE VAN DE KLANT IN DE TIJD KUNT VOLGEN.

De heilige graal van online marketing is het bijhouden van de levenslange klantwaarde en het beoordelen van de ROI van elk van uw marketingmiddelen. Helaas missen veel online marketeers de uitvoeringsvaardigheden die nodig zijn om deze ambitie waar te maken. Deze marketeers snappen het doel van het beoordelen van de lifetime customer value, maar gebruiken zoveel sluiproutes dat hun conclusies twijfelachtig zijn.

Het traceren van de lifetime customer value is moeilijker dan het op het eerste gezicht lijkt, omdat marketeers vertrouwen op twee verschillende systemen voor het traceren van klanten, en deze systemen communiceren doorgaans niet met elkaar.

Het eerste systeem is een webanalysepakket, waarvan Google Analytics het populairst is.

Het tweede volgsysteem is het transactiesysteem (zoals een e-commercedatabase) dat klanten en bestellingen registreert. Hoewel het online analysepakket informatie heeft over waar klanten vandaan komen, wordt de customer lifetime value meestal opgeslagen in het transactiesysteem, wat een barrière opwerpt.

Omdat marketeers niet weten hoe ze hun analysesoftware moeten koppelen aan hun transactiesysteem, beginnen ze kortere wegen te bewandelen. De meest voorkomende kortere weg is om een gemiddelde levenslange klantwaarde uit het transactiesysteem te halen en te veronderstellen dat die waarde voor alle klantcategorieën geldt.

Deze belangrijke veronderstelling houdt vaak geen stand wanneer je toegang hebt tot de echte customer lifetime value per segment. De realiteit is dat bepaalde onderdelen aanzienlijk meer uitgeven dan andere. Daarom moet u dieper kijken.

Soms schatten marketeers de klantwaarde in op basis van de informatie in Ad Words of Google Analytics (wanneer de e-commercemogelijkheden zijn ingeschakeld.) Het probleem met deze strategie is dat Ad Words een cookie van 30 dagen gebruikt, zodat u alleen de consumentenuitgaven kunt volgen gedurende de eerste 30 dagen nadat een gebruiker op een advertentie heeft geklikt. Dat is onvoldoende tijd om de levenslange waarde te meten.

Er zijn twee fundamentele methoden om de levenslange klantwaarde effectief te traceren: breng informatie over de klantbron over naar uw transactiesysteem of haal voldoende informatie uit uw analysepakket om deze te matchen met uw transactiesysteem. In het eerste geval labelt u elke gesponsorde reclamecampagne met andere gegevens die de herkomst van een klant definiëren.

Stel bijvoorbeeld dat we advertenties voor uw website draaien. In plaats van "http://YourURLHere.com/" voor de landingspagina bij de configuratie van de advertenties, gebruiken we "http://YourURLHere.com/?source=123", waarbij 123 staat voor de advertentiecampagne.

Het transactiesysteem moet dan "?source=123" vastleggen en deze gegevens koppelen aan de juiste klant. Met andere woorden, wanneer een consument op de advertentie klikt, slaat u "123" op in uw database kolom voor die klant.

Als u uw transactionele systeem hebt gemaakt, is deze wijziging meestal niet moeilijk op de meeste platforms. Afhankelijk van de flexibiliteit van uw pakket transactionele/e-commerce systeem, kan deze strategie wel of niet van toepassing zijn.

Naast de integratie-uitdagingen heeft deze strategie nog andere voor- en nadelen. Zodra dit systeem operationeel is, is het vrij eenvoudig om rapporten te genereren waarin de totale inkomsten per campagne worden gedetailleerd en waarin wordt aangegeven wat klanten hebben gekocht en wanneer. Dat komt omdat alle segmentatie- en omzetgegevens zich op één plaats bevinden: uw transactiesystemen.

U beschikt echter niet over de kosten van uw campagnes in de transactionele systemen, dus u moet ze nog steeds op elkaar afstemmen. Dit is echter meestal een eenvoudige taak die handmatig kan worden uitgevoerd als u niet veel campagnes hebt.

Deze strategie werkt voor gesponsorde reclamecampagnes en andere strategieën waarbij u de URL kunt controleren (om "?source=123" informatie toe te voegen). In bepaalde omstandigheden, zoals bij gratis zoeken, kunt u de URL niet controleren.

Bijgevolg kunt u met deze methode de ROI niet voor alle bronnen berekenen. Hoewel we vooral geïnteresseerd zijn in de ROI van betaalde reclamecampagnes, is het altijd nuttig om de ROI van SEO-werk en andere marketingprojecten te kennen.

De tweede methode om de levenslange klantwaarde bij te houden is om voldoende gegevens uit het webanalysesysteem te verzamelen om te bepalen waar klanten vandaan komen. Als u Google Analytics gebruikt, moet u de e-commerce functies activeren.

Nadat u deze stappen hebt uitgevoerd, kunt u in Google Analytics rapporten genereren die transactie-ID's per klantbron weergeven. U kunt bijvoorbeeld het gebied E-Commerce en het rapport Transacties in Google Analytics selecteren. U kunt dan een segment kiezen of de secundaire dimensie gebruiken om de resultaten te filteren.

U hebt nu een lijst van transacties georganiseerd volgens hun bron. Deze informatie kan uit Google worden geëxporteerd en geïmporteerd in een rapportagedatabase voor uw transactiesysteem, waar u de latere aankopen van klanten uit elke bron kunt bekijken.

Met andere woorden, Google Analytics informeert u dat bestelling 1001 werd geplaatst door een consument die via een bepaalde campagne binnenkwam. U hebt nu toegang tot uw transactiesysteem om vast te stellen dat deze klant vervolgens bestellingen 1010 en 1011 heeft geplaatst.

Om gegevens uit Google Analytics te exporteren, is het raadzaam een geautomatiseerd programma te gebruiken. Excellent Analytics is een Excel-add-in die de Google Analytics API gebruikt om gegevens uit Google Analytics op te halen. Deze strategie vergt enige moeite om op te zetten, maar is ongelooflijk voordelig als u het nastreeft.

Deze tweede methode geldt voor bijna alle klantenbronnen, wat een van de vele voordelen is. Wilt u weten hoeveel geld organische zoekklanten uitgeven?

Er zijn geen problemen met deze methode. U kunt de gegevens zo gedetailleerd maken als u wilt.

U kunt bijvoorbeeld de levenslange waarde bepalen van gebruikers die via organisch zoeken op een bepaald trefwoord zijn gekomen. De sky is in wezen de limit bij het snijden en snijden van klantwaarde gegevens.

Het volgende deel van de servicevoorwaarden voor Google Analytics moet in acht worden genomen:

U zult de Dienst niet gebruiken (en zult niet toestaan dat een derde partij) om persoonlijk identificeerbare informatie van internetgebruikers op te sporen of te verzamelen. U zult ook niet (en zult niet toestaan dat een derde partij) gegevens die van Uw website(s) (of die website(s) van derden) zijn verzameld, in verband brengen met persoonlijk identificeerbare gegevens uit welke bron dan ook als onderdeel van Uw gebruik (of dat van derden) van de Dienst.

Ik zal niet doen alsof ik een jurist ben, maar het is mogelijk om deze voorwaarden te interpreteren als een schending van de servicevoorwaarden van Google. Aan de andere kant kan men aanvoeren dat Google zijn servicevoorwaarden schendt door de Transactie-ID prominent in zijn interface weer te geven, wat persoonlijk identificeerbare informatie is.

Als u zich zorgen maakt over de voorwaarden van Google, kunt u altijd een andere tool voor webanalyse gebruiken. Bovendien, als u de gegevens aggregeert per klantsegment in plaats van per individuele klant, bent u waarschijnlijk niet in overtreding van de bedoeling van deze sectie. U moet de beslissing nemen.

Klanten bezoeken vaak vele bronnen voordat ze een aankoop afronden. Voordat ze een aankoop afronden, kunnen ze op veel betaalde inspanningen, een e-mailcampagne en een organische link klikken. 'Ongeacht uw strategie moet u er rekening mee houden dat klanten geen recht pad volgen van de ene bron naar de andere op uw website.

Welke entiteit krijgt krediet voor de klant? U zult moeten bepalen welke regelgeving van toepassing is. Veel organisaties waarmee ik te maken heb gehad, beschouwen de eerste bron als "eigenaar" van de klant. Toch zullen zij de rekening aan een andere bron toewijzen als de consument voor langere tijd inactief wordt (bv. zes of meer maanden geen aankopen).

Als u deze methoden gebruikt om de customer lifetime value bij te houden, zult u ontdekken dat uw besluitvorming aanzienlijk is verbeterd. U kunt nu de doeltreffendheid van uw marketingactiviteiten zeer gedetailleerd meten.

HOOFDSTUK 9: UNIQUE SELLING PROPOSITIONS VOOR UW BEDRIJF IN MOEILIJKE TIJDEN.

Een recessie hoeft uw bedrijf niet in de problemen te brengen. Zelfs in bloeiende markten kent elk bedrijf ups en downs.

Zijn u en uw organisatie voldoende voorbereid en uitgerust om de eisen van een zachte of moeilijke economie het hoofd te bieden?

Veel ondernemers vrezen de economische neergang en het risico om klanten, werknemers of winst te verliezen. Zij denken dat als de economie verzwakt, klanten en afnemers hun projecten zullen terugschroeven, hun uitgaven zullen stopzetten en mogelijk zelfs goedkopere opties bij de concurrentie zullen zoeken.

Dit is waar, maar slechts in beperkte mate. Zeker, een vertragende economie en een ongunstig consumentenvertrouwen kunnen uw organisatie uitdagen of u in staat stellen nieuwe klanten te krijgen en uw omzet te verhogen door technieken toe te passen die het best presteren in een dalende markt en fantastisch zijn voor tijden van marktexpansie.

Afhankelijk van uw sector kunt u verschillende technieken toepassen om uw verkoop te behouden en te stimuleren terwijl uw concurrenten concurreren om te overleven.

De volgende USP's (Unique Selling Propositions) stellen kwantificeerbare doelen en identificeren kritische strategische acties die u zullen helpen om uw bedrijf effectief door onvoorspelbare economische tijden te loodsen terwijl anderen worstelen om te overleven:

1. Gebruik de rustige periode om de fundamenten en grondslagen van uw bedrijf te verbeteren.

Na een lange operatie moet uw bedrijf zijn knopen en bouten aandraaien en zijn bewegende delen smeren om piepen te voorkomen. Begin bij de top door de waarden, visie en missie van uw organisatie te herzien en te herbevestigen. Zorg ervoor dat uw werknemers gedreven zijn om de waarden van het bedrijf hoog te houden door zich duidelijk bewust te zijn van de zakelijke kwesties en hun bijdrage te uiten.

Stem de doelstellingen en waarden van uw bedrijf af op de stimulansen en beloningen voor uw werknemers. Verspreid de informatie over de organisatie zodat uw werknemers initiatief kunnen tonen. Betrek uw personeel bij het oplossen van problemen en vraag om hun unieke suggesties om de winstgevendheid te verhogen, de efficiëntie te verbeteren en de kosten te verlagen.

2: De concurrenten te slim af zijn.

Pauzeer even en stel uzelf de volgende vraag: als wat ik verkoop of aanbied in wezen hetzelfde is als dat van mijn concurrenten, wat heb ik dan nodig om anders en superieur te zijn op verschillende manieren, waaronder klantenservice, marketing, promotie en verkoop?

Naast creativiteit en innovatie ligt de oplossing voor deze vraag in het gunstig onderscheiden van uw bedrijf van de concurrentie door "denkend leiderschap" en inspirerend vernuft, dat voor u en uw organisatie een tweede natuur moet worden in moeilijke tijden.

Uw uiteindelijke doel is zich volledig te onderscheiden in de hoofden van uw klanten door innovatieve verkoop- en marketingtechnieken toe te passen om Unique Shining Points (USP's) te genereren die exclusief zijn voor uw bedrijf en de sector. Met andere woorden, uw bedrijf moet zich positief onderscheiden van zijn concurrenten of ten onder gaan.

3: Oude leads heractiveren.

Met minimale andere verkoopinspanningen is het mogelijk om oude leads om te zetten in productieve bedrijven. Veel leads die u in het verleden in de steek hebt gelaten, kunnen weer tot leven worden gewekt en geconverteerd als u doorzet.

In 2007 wees onderzoek van de Harvard School of Business uit dat de meeste verkopers, ongeacht de branche, te snel afhaken. 75 procent van de verkopen aan bedrijven of klanten wordt gemaakt tijdens het vijfde verkoopgesprek, en 25 procent van de verkopers voert meer dan drie verkoopgesprekken!

4. Een superieur serviceniveau bieden aan uw klanten.

Vasthouden aan uw bestaande klanten in moeilijke tijden is zoiets als vuur in uw hand houden; het is dus essentieel voor het voortbestaan en de levensduur van uw bedrijf.

Het handhaven van een cultuur van uitmuntende verkoopservice door de andere mijl te gaan, klanten tevreden te stellen en hen meer waar voor hun geld te bieden, is een zekere methode om het momentum van uw organisatie te behouden. Nu is de kans om de andere mijl te gaan, wat het verschil kan zijn tussen alleen maar uw klanten tevreden stellen en hen verbazen.

5. Een gedurfd nieuw marketingplan plannen en uitvoeren.

Om een pauze in uw bedrijf te voorkomen, moet u het hele jaar door en elke week actief marketing bedrijven. Niet alleen wanneer u zaken moet doen. Een voortdurend marketingplan zorgt voor een gestage stroom van nieuwe zakelijke leads. Vandaag uitgevoerde marketing initieert een verkoopcyclus die zal resulteren in nieuwe zaken wanneer u ze over zes maanden nodig hebt.

6. De waarde van uw huidige producten of diensten verbeteren.

In een recessie zijn kopers prijsbewuster dan ooit tevoren. Kom daarom tegemoet aan hun bezorgdheid door hun de meeste waarde voor hun geld te bieden. Het is niet nodig om "de winkel te geven" of een mate van service te bieden die overdreven is.

Uw klanten zullen een kleine hoeveelheid andere moeite of service zien als een aanzienlijke meerwaarde. Gebruik technologie en sociale media om bedrijfsuitbreiding te stimuleren en tegelijkertijd de klantenservice, communicatie en follow-up te verbeteren.

7: Wees optimistisch en enthousiast.

Tijdens trage zakelijke seizoenen moet u optimistisch blijven en vermijden dat u moedeloos wordt. Als u depressief bent, kunnen mensen en consumenten dat aanvoelen, wat een negatieve invloed kan hebben op uw interne en externe zaken.

Verlies de hoop niet; wees juist enthousiast, heb vertrouwen in uw werknemers, uw producten en uw diensten, en breng die geest van passie en vertrouwen over op uw werknemers en consumenten. Vergeet niet dat u niet alleen bent, want in een dalende markt zit iedereen onder dezelfde paraplu en ervaart iedereen dezelfde omstandigheden als u.

De hulp inroepen van een professionele coach en mentor die u kan helpen uw sterke en zwakke punten aan te pakken, uw innerlijke motivatie te identificeren en uw inspanningen af te stemmen op het grotere geheel.

8: Afzien van geplande prijsverhogingen.

Zelfs als u vindt dat een prijsverhoging allang had moeten plaatsvinden en dat u die verdient, is een zakelijke neergang niet het ideale moment om er een door te voeren. Pas uw prijzen tijdens deze tijdelijke malaise aan om een grotere verscheidenheid aan klanten aan te spreken.

9. Negatieve en onbekwame individuen in uw organisatie onder controle houden.

Negatieve mensen kunnen uw prestaties schaden, zelfs in de beste omstandigheden. In moeilijke omstandigheden is het laatste wat u nodig hebt een negatieve of inefficiënte werknemer die uw waarden en bedrijfscultuur niet deelt.

Omdat er maar één onbekwame of negatieve werknemer nodig is om een heel team tegen te houden, moet u deze situaties met vertrouwen en stiptheid aanpakken en iedereen ontslaan die niet in de cultuur van uw bedrijf "gelooft".

Samenvattend: in elke bedrijfscyclus en in de carrière van elke ondernemer zijn er bepalende periodes die buitengewone acties vereisen die in verhouding staan tot de uitdaging. Ondernemers hebben echter de neiging om door de stress van moeilijke tijden het grote geheel uit het oog te verliezen.

Zorg ervoor dat u en uw team de juiste coaching krijgen om zich te concentreren op "back to basics" en duw uw team naar het volgende niveau, waar iedereen bedreven is in de grondbeginselen en de basis.

Houd het grotere plaatje in gedachten terwijl u de beste tactieken, programma's en diensten ontwikkelt om uw inkomsten te verhogen, uw bedrijf te positioneren voor blijvend succes en, het belangrijkste, uw organisatie echt te onderscheiden van de concurrenten op de markt.

HOOFDSTUK 10: HOE U DE PERCEPTIE VAN UW WAARDE DOOR UW KLANTEN KUNT VERGROTEN.

In de geest van de klant is er een wiskundige vergelijking die alleen hij kent: de vergelijking van waargenomen voordelen en waargenomen kosten. De oplossing van deze berekening wordt vervolgens vergeleken met andere "soortgelijke" aankopen of potentiële aankopen om een waarde te bepalen. Vergeet niet dat dit allemaal in het hoofd van de klant zit.

Om dit idee in actie te zien, denk aan uw meest recente belangrijke aankoop.

Hoe heeft u besloten dit specifieke product te kopen?

Heeft u onderzoek gedaan?

Had de winkelier of verkoper slechts één merk of model, en "nam u daar genoegen mee" uit een gevoel van urgentie?

Of bent u een onverzettelijke logicus die geen compromissen sluit totdat u de best mogelijke deal hebt gesloten?

Al deze vragen tonen aan dat onze aankoopbeslissingen worden beïnvloed door vele overlappende en verstrengelde functies in onzelf, maar uiteindelijk afhangen van onze perceptie van waarde. Als we een koopje zien, zullen we kopen. Zelfs als we het artikel verlangen of nodig hebben, zullen we het niet kopen als we denken dat het geen eerlijke waarde heeft en er geen gevoel van urgentie is.

Helaas is de waarde van uw bedrijf niet wat u ervan vindt, maar wat uw consumenten ervan vinden.

Als dit het geval is, welke stappen moet u dan nemen om ervoor te zorgen dat u in de ogen van uw klant waarde toevoegt? Dat kan zo eenvoudig zijn als het geven van andere informatie of zo complex als het uitbreiden van uw openingstijden. Wat het optimale antwoord ook is, het zal voortkomen uit feedback van klanten. Vertrouw niet alleen op demografische gegevens en marktonderzoek.

Ook al zijn dit essentiële stukken van het geheel, alleen vertrouwen op deze informatie is de gemakkelijke weg. Luister naar de klachten van uw klanten via enquêtes, vervolggesprekken, service-interacties en outreach-functies om te anticiperen op hun behoeften en deze aan te pakken voordat ze een probleem worden.

Als u het gevoel van waarde van uw producten en diensten bij uw klanten kunt vergroten, zullen zij meer tevreden zijn en meer bereid zijn anderen te vertellen over hun "uitstekende deal".

Alles wat u voor uw klanten doet, moet een inherente waarde hebben. Tenzij uw product het beste in zijn soort ter wereld is, moet u concurreren met anderen die soortgelijke goederen verkopen. Misschien krijgt één van u een concurrentievoordeel door de grootste selectie van deze zaken aan te bieden.

Een concurrent kan een commercieel voordeel vinden door alleen op geselecteerde markten aan te bieden. Anderen kunnen misschien de concurrentie onderbieden door de laagst mogelijke prijs aan te bieden. Eén noodzaak en waarde wordt echter verwaarloosd: de aandacht van elke consument.

Wanneer klanten interesse tonen in uw product of dienst, tonen zij, bij uitbreiding, interesse in uw bedrijf en u. Er zijn momenten in internet marketing waarop een miljoen transacties kunnen plaatsvinden zonder een enkele menselijke connectie.

Anderzijds kunt u honderdduizenden of miljoenen telefoontjes ontvangen van verwarde klanten op dagen dat de technologie zelf defect is. Door in dit stadium uitzonderlijke service te leveren, biedt u waarde aan het product waarin kopers geïnteresseerd zijn, een kwaliteit die mogelijk niemand anders biedt.

Hoe vaak heeft u moeten kiezen tussen vergelijkbare producten met gelijke prijzen?

Wat was de beslissende factor?

Het menselijke element kan de doorslag geven, ook al kost het een paar andere dollars. Vergeet niet dat de meeste mensen bereid zijn iets meer te betalen voor een unieke behandeling.

Een vraag creëren bij consumenten is de kern van verkopen. U eist dat zij uw producten en diensten nodig hebben. Ze moeten steeds weer terug willen komen. In de huidige ongelooflijk concurrerende markt is een uitstekend product tegen een redelijke prijs onvoldoende. Het voordeel komt van de traditionele persoonlijke benadering, zelfs in de mondiale, digitale omgeving van vandaag.

Zodra u een dwingende behoefte aan de artikelen hebt gecreëerd, begint u waarde toe te voegen aan uw consumenten door hen met een beetje extra zorg te behandelen - wat kost het u om goedemorgen te zeggen tegen een beller, zelfs als u weet dat de beller zal klagen?

Het is volledig gratis, maar wat levert het op in ruil? Misschien gaat een klant die belde om te klagen over een klein probleempje weg met zijn klacht opgelost, koopwaar in de hand, en een korting terwijl hij loyaal blijft.

U hebt een verkoop gered en bijna een nieuwe verkoop gegarandeerd met weinig meer dan een beetje tijd, een aangename begroeting en een prijsvermindering op een product. (Uw marketingbudget moet voldoende kunnen worden aangepast om deze aankopen toch te kunnen doen). In wezen hebt u niets uitgegeven.

Vooral wanneer alle marketing, verkoop en andere transacties online plaatsvinden, ontbreekt het persoonlijke element in het zakenleven soms. Zelfs een e-mail om een klant te bedanken voor een vroegere transactie en hem uit te nodigen voor een toekomstig verkoopevenement is meer dan een goed idee; het is een must.

HOOFDSTUK 11: PROMOTEN OP "LAGE PRIJS" MAAR "WAARDE" IS ESSENTIEEL VOOR SUCCES.

Hoewel een lage prijs doorgaans het verkoopvolume zal verhogen, verliest u winst als u niet tegelijkertijd de kosten per eenheid kunt verlagen, en (de trompetten) de klanten die u aantrekt door een lage prijs zullen vaak overlopen wanneer een concurrent een nog lagere prijs aanbiedt. Als u uw huidige klant wilt behouden, kunt u ervoor kiezen "toegevoegde waarde" te promoten.

In werkelijkheid leveren artikelen of diensten met toegevoegde waarde vaak een hogere prijs op die kopers bereid zijn te betalen dan die met de laagste prijs. Gebruik de volgende voorbeelden als inspiratie om de waardevergelijking van uw bedrijf te verbeteren.

Voeg waarde toe met "gratis extra service": Het voertuig stond in de garage voor kleine reparaties. Bij het ophalen van de auto was de klant blij te zien dat de vloerbedekking gratis was gestofzuigd.

Aan het stuur was een visitekaartje bevestigd waarop stond: "Wij stofzuigen het interieur altijd als onderdeel van onze extra service." Door de tapijten te stofzuigen, toverde de garage een glimlach op het gezicht van de klant, zonder enige andere kosten.

Waarde toevoegen met snelheid: Kledingaanpassingen op dezelfde dag, verzending op dezelfde dag, leningaanvragen in vijf minuten en brillen binnen een uur. Bel wanneer u klaar bent om te vertrekken, en uw bestelling staat klaar wanneer u aankomt.

Uw oven is net gerepareerd, en de leverancier biedt waarde door te bellen om te bevestigen dat het werk correct is uitgevoerd.

Verbeter de waarde door communicatie: Stuur "nuttige tips" over het gebruik van producten; ontwerp een nieuwsbrief; bedank klanten bij productverjaardagen (Wow! De leeftijd van uw koelkast is tien jaar! De bloemist herinnert u aan de verjaardag van uw moeder, dus waarom zou u ergens anders heen gaan?

Voeg waarde toe met sfeer: Verse bloemen in de ontvangstruimte; brandschone toiletten; passende muziek; creatieve en aantrekkelijke verpakkingen, enz. Een muntje werd sierlijk gepresenteerd na het diner (in plaats van in een "grijpbak" gegooid).

Toegevoegde waarde met extra informatie - Zij kochten een apparaat en u e-mailt hen jarenlang eens per maand met tips, andere toepassingen of innovatieve manieren om van hun investering te genieten (tips herhalen mag, maar niet te vaak).

Er zijn geen grenzen aan de lijst van strategieën die waarde toevoegen. Deze week daag ik u en uw team uit om een lijst van tien mogelijke strategieën te genereren, de meest effectieve te selecteren en deze uit te voeren.

De meest eenvoudige en luie reclamemethode is het verlagen van de prijzen. Het is veel beter om mensen voor je te winnen met meer waarde; ze zullen graag bij je kopen als ze merken dat ze meer voor hun geld hebben gekregen.

Met deze methode kunt u onmiddellijke klanttevredenheid creëren en de waarde van uw product aanzienlijk verhogen.

Als internet marketeer heeft u eerder de marktsector en de marktvraag geïdentificeerd. U hebt een product of dienst waarvoor u een prijs hebt vastgesteld. U bent bereid het te verkopen.

Maar wacht! U wilt de waarde van uw product of dienst vele malen vermenigvuldigen, maar u wilt niet dat uw prospect de kneep voelt bij de aankoop ervan, want ook al kan de waarde van uw product of dienst vele malen worden vermenigvuldigd, de betaling ervoor blijft dezelfde!

Wat een anomalie!

Herhaal de lezing:

Ook al wilt u de waarde van uw dienst of product met een aanzienlijk bedrag vermenigvuldigen, de prijs blijft dezelfde!

Zie je het onderscheid?

Ik zal u een voorbeeld laten zien.

Het idee is om de waarde van uw product of dienst te "transformeren" in een "virtuele product- of dienstwaarde".

Stel dat ik een populair ebook heb geschreven met de titel "Hoe vind ik de perfecte vrouw" en dat de prijs per exemplaar $98,00 bedraagt. Dit is de verkoopprijs. Dit is de verkoopprijs van het ebook of de huidige prijs op het moment van verkoop.

Als ik in plaats van het ebook voor $98,00 te verkopen, een lidmaatschapssysteem ontwikkel waarbij de potentiële koper lid kan worden en 200 kredietpunten ontvangt voor $98,00, heb ik snel waarde toegevoegd aan de investering van $98,00 van de koper.

Met de 200 kredietpunten (die hij voor $98 heeft verworven) kan hij het populaire ebook kopen en heeft hij 102 kredietpunten over om aanvullende producten of diensten van jou te kopen.

Observeer wat er onmiddellijk gebeurt:

In ruil voor $98 heeft de prospect een grotere gepercipieerde waarde in kredietpunten ontvangen.

Hij ontvangt zijn hot ebook en extra krediet dat hij kan gebruiken voor andere backend-aankopen en betaalt dezelfde $98,00.

Door deze eenvoudige actie uit te voeren, stelt u de klant tevreden en legt u de basis voor toekomstige backend-aankopen.

Bedenk even waar dit begrip nog meer kan worden toegepast.

Kan het worden geïntegreerd in uw bestaande webmarketingcampagnes? Dit begrip heeft grenzeloze toepassingen in offline en online marketing en de werkelijke, niet-virtuele wereld.

Toegepast op uw online marketingactiviteiten biedt het echter de flexibiliteit om de waarde van uw producten en diensten te verbeteren zonder extra kosten te maken. Het verhoogt de inkomsten en zorgt voor instant customer delight. Heeft dit concept momenteel een plaats in uw online marketingstrategie?

HOOFDSTUK 12: HOE EEN WEBSITE DE WAARDE VAN EEN BEDRIJF KAN VERHOGEN.

Vanwege de kosten van het ontwerpen van een website kan een klein bedrijf weinig belang hechten aan zijn online aanwezigheid. Er zijn immers veel uitgaven die belangrijker lijken.

Prioriteiten zijn inventaris, apparatuur, briefpapier en reclame, maar zonder website loopt het bedrijf een groeiend percentage klanten mis die online naar producten en diensten zoeken.

Er zijn veel manieren om nieuwe klanten te werven, waaronder gedrukte telefoongidsen, het verspreiden van folders, advertenties in kranten en tijdschriften, verwijzingen van bestaande klanten, het verspreiden van visitekaartjes, zoeken op internet en online adverteren.

Een website kan een klein bedrijf helpen bij het aantrekken van nieuwe klanten en het verhogen van de omzet. Naarmate het aantal huishoudens met internettoegang toeneemt, daalt de vraag naar gedrukte bedrijvengidsen. Mensen van alle leeftijden zoeken nu online terwijl ze een artikel proberen te kopen of een handlanger inhuren.

Voordat zij een aankoop doen, doen veel computergebruikers graag onderzoek op het internet. Een website kan aanzienlijk meer informatie bevatten dan een korte gedrukte advertentie. De website van een bedrijf kan productinformatie, prijzen, technische specificaties, beschikbaarheid van de voorraad, leveringsmogelijkheden en klantenbeoordelingen bevatten.

Naast product- en dienstinformatie kunnen andere website-elementen bezoekers verleiden om contact op te nemen met een bedrijf. Met een contactformulier voor klanten kan iedereen zeven dagen per week en 24 uur per dag zijn e-mailadres, telefoonnummer en aanvraaggegevens invoeren. Dit is van enorm nut voor drukke personen die 's avonds laat online kunnen zijn wanneer telefonische vragen niet beschikbaar zijn. Een locatiekaart helpt klanten bij het lokaliseren van bedrijfslocaties.

Bewegwijzering voor voertuigen, visitekaartjes, drukwerk en advertenties in kranten. Vanwege de extra waarde van een website kan de URL op al het reclamemateriaal worden geplaatst. Dit stimuleert potentiële klanten om de website te bezoeken, een online bestelling te plaatsen of voldoende informatie te krijgen om navraag te doen.

Na de beslissing dat een website een goed concept is, kan een bedrijf evalueren of het de expertise, vaardigheden en tijd heeft om de webpagina's te bouwen. Zo niet, dan moeten ze contact opnemen met een webdesigner en de volgende vragen stellen:

- Bestaat de gewenste domeinnaam?

- Wat zijn uw tarieven? Er kan een vaste prijs per pagina zijn, jaarlijkse kosten voor domeinregistratie en maandelijkse kosten voor hosting en administratie.

- Worden de webpagina's geoptimaliseerd voor zoekmachines, en zo ja, zijn daar nog kosten aan verbonden?

- Wat zijn de keuzes voor het bijwerken van webpagina's?

- Wat is het aantal inbegrepen e-mailadressen?

- Wordt er een kaart van het gebied opgenomen?

- Komt er een formulier voor vragen van klanten?

- Hoeveel foto's zijn toegestaan?

Overwegen wat nodig is in een zakelijke website zal helpen bij het vergelijken van de prijzen van webdesigners en een bedrijf helpen bij het maximaliseren van de voordelen van zijn aanwezigheid op het internet.

HOOFDSTUK 13: STRATEGIE EN KLANTGERICHTHEID.

Zakelijk succes moet beginnen en eindigen bij de consument. Het klantensurplus is het verschil tussen wat een klant voor een product betaalt en wat hij voor het product zou betalen of de "waarde" van het product.

In hun inspanningen om hun bedrijf te laten groeien, hebben organisaties moeite om klanten ervan te overtuigen hun producten te verkiezen boven die van hun concurrenten, om meer van een product te kopen als zij het al gebruiken, en om een nieuw product te proberen.

In wezen doen klanten aankopen wanneer zij geloven dat de prijs redelijk is voor de waarde van het product. Bedrijfsstrategie is grotendeels gericht op het creëren van waarde voor het bedrijf, wat onmogelijk is zonder het creëren van waarde voor de klant.

Strategie en een "aantrekkelijk" waardevoorstel moeten draaien om de behoeften van de klant. Een aantrekkelijk waardevoorstel kan concurrerender zijn dan wat zij nu krijgen van een concurrent en/of iets geheel nieuws waar geen concurrentie is.

Het meest effectieve plan stelt ons niet noodzakelijk in staat om de concurrentie te verslaan. Het kan ook het plan zijn dat het bedrijf in staat stelt directe concurrentie te vermijden en een hogere consumentenwaarde te bieden.

Een strategie om superieure waarde te creëren moet een proces in twee stappen zijn, te beginnen met het formuleren van een superieure waardepropositie op basis van een diepgaand begrip van de behoeften van de consument. De tweede stap is het opzetten van een effectief en efficiënt mechanisme om het waardevoorstel te leveren.

Door de klant voorop te stellen, wordt een winnende strategie geformuleerd door vragen te stellen over de wensen van de consument en te trachten de werkelijke motivaties, doelstellingen en vereisten te achterhalen waaraan klanten willen voldoen bij de aankoop van producten en diensten. De beste aanbiedingen van producten en diensten zijn die waarbij de klant goede waarde ziet voor de betaalde prijs, en de organisatie de gewenste winstmarge kan behalen.

Het creëren van waarde voor de klant komt eerst, gevolgd door een concurrerend antwoord. Overal waar een kans op winst bestaat, zullen concurrenten verschijnen. Een winnende strategie moet niet alleen gericht zijn op de consument, maar ook op de activiteiten van het bedrijf om mogelijke reacties van de concurrentie tegen te gaan en op de marktpositie die het zal innemen.

Vaak wordt het onderwerp strategie gepresenteerd als een integraal managementsysteem dat zich richt op budgettering, visieverklaringen en prestatie-indicatoren. Maar als het bedrijf zich niet op de klant en de markt richt, zullen alle werkbladen en PowerPoints niet tot succes leiden.

"Toegevoegde waarde" - Dat kleine beetje extra dat het verschil maakt.

Wat verkoopt u?

Bent u de enige verkoper van dit product?

Waarom zou ik het van u kopen in plaats van iemand anders?

Serieus. Waarom kopen mensen van u in plaats van iemand anders die hetzelfde product aanbiedt? Als alle andere factoren gelijk zijn, is het antwoord de prijs, en als je op prijs concurreert, wint niemand.

Als u uw prijzen verlaagt om met een concurrent te concurreren, zal hij waarschijnlijk hetzelfde doen, en dan bent u aan de beurt. Het is een vicieuze cirkel waarin niemand wint, zelfs de consument niet, want als je je prijzen verlaagt om te concurreren, zul je waarschijnlijk de kwaliteit van je dienst moeten verlagen.

De oplossing voor dit probleem is het ontwikkelen van een "dienst met toegevoegde waarde" die u onderscheidt van de concurrentie.

Geeft u garantie?

Levert u?

Verkoopt u nabestellingen (in kleinere hoeveelheden) tegen dezelfde prijs als de eerste bestelling?

Biedt u gratis verzending aan?

Zijn frietjes bij de maaltijd inbegrepen?

Beloont u trouwe klanten voor hun voortdurende zaken?

Heeft u een "frequent buyer's card"?

Vind een manier om u te onderscheiden van de concurrenten, en u zult rijkelijk beloond worden.

Een medewerker in de vloerenbranche nam zijn grootste klanten jaarlijks mee op vakantie. Toen hij mij aanvankelijk over dat plan informeerde, vroeg ik hem hoe hij het zich kon veroorloven zoiets extreems te doen. Hij antwoordde dat zijn klanten "bereid zijn om extra geld uit te geven omdat ze weten dat ze er een reisje aan overhouden".

Wat is uw unique selling proposition?

Ik houd voortdurend rekening met transport-, verzend- en administratiekosten wanneer ik online bestel. Sommige bedrijven vragen, om welke reden dan ook, nog eens $5 tot $10 als "administratiekosten". Zij regelen de zaken anders dan hun concurrenten (die alleen verzendkosten in rekening brengen).

Als u mijn geld (en dat van tienduizenden andere zuinige consumenten) wilt "beheren", probeer me dan niet dood te schelden. Als u zich wilt onderscheiden, is het aanbieden van gratis verzending een eenvoudig begin.

Hoe zit het met uw terugkerende klanten?

Heeft u speciale plannen voor hen?

Geeft u hen een "Oh, ik zou het missen als ik niet iemand anders kon vinden die." reden om bij u te blijven? Zo niet, zoek er dan één.

Stuurt u kerstkaarten naar uw klanten?

Hoe zit het met verjaardagskaarten?

Nou, dat doet iedereen! Stuurt u Groundhog Day wenskaarten naar uw klanten? Nee? Ik kan u verzekeren dat als u een Groundhog's Day-wenskaart zou ontvangen, u die zou onthouden, en is dat niet wat u wenst?

Vind een manier om waarde aan uw product of dienst te geven; u zult niet alleen uzelf onderscheiden van de concurrentie, maar ook mensen een reden geven om bij u te kopen!

HOOFDSTUK 14: MANIEREN WAAROP U DE ERVARING VAN UW KLANTEN KUNT VERBETEREN.

Vandaag de dag lijken restaurantketens in veel opzichten op elkaar, van het eten dat zij serveren tot de marketingtechnieken die zij toepassen om meer consumenten aan te trekken. Sommige leggen de nadruk op hun eten, terwijl andere hun marketingstrategieën concentreren op een superieure klantenservice.

Basis klantenservice is een factor die veel levensmiddelenbedrijven over het hoofd zien. Zij geloven dat klanten zullen blijven terugkeren en hun service over het hoofd zullen zien als zij een goede keuken leveren.

Goed opgeleide klanten die hun fundamentele rechten kennen en het meeste waar voor hun geld willen, zien dergelijke eenvoudige overwegingen niet over het hoofd. Deze kleine gebaren, eenvoudigweg "extra mijl" genoemd, maken de consument tevreden en tevreden.

De aandacht van het personeel is een andere factor die klanten aanmoedigt om terug te komen. Terwijl sommige eters de tijd nemen om het menu te kiezen, geven andere klanten de voorkeur aan nuttige aanbevelingen, zoals de specialiteiten van het restaurant, de vaste favorieten en andere. Sommige consumenten houden van stille aandacht, terwijl anderen levendige en vriendelijke aandacht wensen.

Hoewel het voor een restaurant standaard is dat iemand klanten bij de voordeur begroet, zal het indruk op hen maken als ze de deuren voor hen openen en hen naar een lege tafel leiden. Maar door ze een perfecte plek in de eetzaal te geven, zoals een adembenemend uitzicht op de zonsondergang, zullen ze zich nog specialer voelen.

Tijdens het wachten op de hoofdmaaltijd laat het aanbieden van gratis hapjes zien dat restauranthouders geïnteresseerd zijn in het maximaliseren van de inkomsten en het tot stand brengen van een aangename, wederzijds voordelige band met hun klanten. Een bescheiden schaaltje knoflookstokbrood of amandelen en dergelijke schaadt de portemonnee van de ondernemer niet, en de glimlach op de gezichten van de kinderen is ongeëvenaard en onbetaalbaar.

Restaurantmanagers of -eigenaren gaan af en toe in gesprek met vaste klanten en spreken hen bij naam aan, waardoor een warmere, meer persoonlijke relatie ontstaat die niet alleen gericht is op een winstgevende relatie tussen klant en bedrijf.

Aandacht voor hun eisen is de essentiële factor, want klanten hebben een breed scala aan wensen die iemand met een groot oog voor minieme details alleen kan waarnemen.

Klanten hebben verschillende stemmingen en houdingen, voorkeuren en eigenaardigheden. Toch zal een basiskennis van klantenservice en de verschillende soorten klanten restauranthouders, managers en het hele team helpen om op het meest effectieve moment met hen om te gaan.

Kies alleen de beste restaurantbenodigdheden, want dineren moet altijd een feest voor de tong en de ogen zijn. Restaurantbenodigdheden en -apparatuur van wereldklasse zijn online beschikbaar, zeven dagen per week en 24 uur per dag, zodat u niet ver hoeft te rijden om aan de behoeften van uw restaurant te voldoen.

Hoe kun je je waarde verhogen?

1. Wees specifiek over uw aanbod.

Voordat u andere waarden inbrengt, moet u zich bewust zijn van uw waarde en uw natuurlijke talenten en gaven. Beantwoord deze vragen. "Wat hopen mijn ideale klanten te winnen door met mij te werken?" "Hoe onderscheiden mijn persoonlijkheid, doel en vaardigheden zich?"

Hoe kan ik mijn sterke punten effectief inzetten om de door mijn doelklanten gewenste voordelen te leveren?

2. Wees helder waar je bent.

Gebruik uw speciale vaardigheden om de beloningen over te brengen die klanten verlangen. Als u inspirerend bent, wees dan inspirerend. Als u specifiek bent, wees dan specifiek en geef hen wat ze verlangen. Klanten kopen u als onderdeel van een pakket, dus wees zelfverzekerd authentiek. Ze zullen er dol op zijn.

3. Zie de toekomst.

Vraag prospects naar hun wensen. Neem deel aan hun visie. Zodra u hebt vastgesteld dat dit een geschikte pasvorm is, leg dan uit waarom u een ideale kandidaat bent. Schets voor hen een beeld van wat u waarneemt. Word enthousiast over de mogelijkheid van samenwerking en het co-creëren van hun droom! Als ze je vervelen, verwijs ze dan door naar een ander.

4. Doneer meer dan je ontvangt.

Voeg andere waarde toe voor het pure plezier van het geven! Overtref altijd de afgesproken waarde. Geef informatie, hulpmiddelen, bronnen en aanbevelingen. Word een hulpbron voor uw klanten en potentiële klanten. Zij zullen uw lof zingen.

5. Wees gelukkig.

Altijd en alleen: GENIET VAN JEZELF! Vreugde werkt aanstekelijk, en klanten houden van het gezelschap van gelukkige, enthousiaste mensen. Vergeet niet dat hoe meer waarde u bijdraagt aan de wereld, hoe meer u ervoor terugkrijgt.

Wanneer iedereen vanuit zijn hart doneert, zal de wereld veranderen!

Creëer rijkdom voor anderen door eenvoudigweg (en effectief) jezelf te zijn.

HOOFDSTUK 15: TIPS OM EXTRA WAARDE TOE TE VOEGEN VOOR UW KLANTEN.

U kunt andere waarde leveren als u een bedrijf opricht en meer klanten wilt aantrekken. In plaats van u te richten op wat u verlangt van huidige en potentiële klanten, benadrukt u de waarde die u hen kunt leveren.

Wanneer vrouwen de cosmeticabalie in een warenhuis bezoeken of een gezichtsbehandeling ondergaan, zijn ze dol op het ontvangen van kleine proefmonsters van artikelen. Hetzelfde geldt voor uw klanten. Zij ontvangen graag kleine "monsters" of extraatjes. Zo voelen ze zich speciaal en gekoesterd.

Welke eenvoudige, leuke en gemakkelijk te maken artikelen kunt u uw klanten geven die een grote impact hebben? De mogelijkheden zijn onbeperkt als u uw fantasie gebruikt! Voorbeelden zijn een nieuwsbrief, een artikel of lijst met tips, een checklist of quiz, een kleine hoeveelheid andere tijd, een verwijzing, een uitnodiging voor uw seminar, een bladwijzer of een handgemaakt dagboek.

Nieuwsbrieven, artikelen en tips.

Ik geloof dat nieuwsbrieven de meest effectieve methode zijn om relaties op te bouwen met potentiële klanten. Na verloop van tijd leren mensen u kennen, aardig vinden en vertrouwen en zijn ze bereid om zaken met u te doen.

Volgens marketingdeskundigen moeten mensen je naam of diensten minstens zeven keer zien of horen voordat ze bereid zijn om bij je te kopen. Een nieuwsbrief is een geweldige manier om contact te onderhouden en tegelijkertijd waarde te bieden.

E-mailnieuwsbrieven zijn nu wijdverbreid, en met de technologie van vandaag zijn ze zowel eenvoudig als goedkoop. U hoeft geen lang artikel te schrijven; u kunt beginnen met een eenvoudige lijst van suggesties.

Checklists en quizzen.

Het maken van op maat gemaakte checklists en quizzen voor mijn klanten is leuk geweest. Mensen vinden het leuk om quizzen met 20 vragen te maken met 'ja/nee' of 'op een schaal van één tot tien'. Deze zijn eenvoudig te maken voor uw klanten, die er veel waarde aan zullen hechten.

Vraag jezelf af: "Wat zijn de top tien dingen die mijn klanten willen, en wat zijn de top tien problemen waar ze tegenaan lopen?" Maak een lijst waarin u de behoeften en obstakels combineert en u hebt een eenvoudige, kant-en-klare evaluatie op maat.

Afhankelijk van uw klant kan de titel zijn: "Bent u zo gezond als u zou kunnen zijn?" of "Is uw leven in harmonie?". Of "Bezit u de kwaliteiten van een succesvolle ondernemer?". U heeft het concept.

Extra tijd.

Bied een klant die uitzonderlijke moeilijkheden ondervindt nog eens 10 tot 15 minuten van uw tijd aan. Informeer hen dat u hen een andere tijd gunt, zodat ze dat niet elke keer verwachten, of neem tussen de sessies door telefonisch of per e-mail contact met hen op om hun vooruitgang te bepalen.

Zij zullen uw belangstelling zeer waarderen, en het zal niet veel van uw tijd vergen. Bovendien is het geweldig om hen wat extra tijd, een e-mail of een handgeschreven briefje aan te bieden om hun succes te vieren.

Aanbeveling aan uw netwerk.

Uw marketingstrategie voor de groei van uw bedrijf moet de uitbreiding van uw netwerk en database omvatten. U kunt uw netwerk benutten door op te treden als een hulpbron voor uw klanten en hen door te verwijzen naar personen die hun gewenste diensten leveren. Uw klant kan zeggen dat hij een goede accountant nodig heeft of dat hij rugpijn heeft na het tennissen en op zoek is naar een goede chiropractor.

Dit is uw kans om de professionals die u kent aan te bevelen. Uw klant zal het zeer waarderen dat u over een uitgebreid netwerk van persoonlijke contacten beschikt. Het is raadzaam om meerdere namen op te geven zodat ze zelf kunnen kiezen met wie ze in zee gaan.

Een verzoek om uw seminar bij te wonen.

Nodig klanten gratis of met korting uit voor uw seminars en workshops. Informeer klanten dat zij als eerste op de hoogte zullen zijn van uw komende lezingen en seminars. Mensen zullen zich in uw "inner circle" voelen als ze het als eerste weten.

Bied hen een incentive of verwijzingsvergoeding voor het meebrengen van een vriend of collega, zoals een korting van 20% voor elke persoon die zij doorverwijzen en die zich inschrijft. Als ze vijf gasten meebrengen, krijgen ze gratis toegang. Het geeft hen een stimulans en helpt hen uw workshop te vullen. Het kan het beste geld zijn dat u ooit zult uitgeven aan reclame voor uw bedrijf, en het is gratis.

U zult zich beter voelen als u consequent andere waarde aan uw klanten biedt, en uw bedrijf zal snel groeien!

CONCLUSIE.

Het creëren van een uitzonderlijke klantwaarde is essentieel voor het succes van een bedrijf. Hoeveel u ook rekent, uw consumenten willen het gevoel hebben dat ze de beste waarde voor hun tijd en geld krijgen. Sterker nog, ze willen geloven dat de freebies die u hen biedt van uitzonderlijke waarde zijn.

Door de waarde van uw producten en diensten te verbeteren, kunt u tegelijkertijd de prijzen die u ervoor vraagt en uw inkomsten verhogen. Hier volgen enkele suggesties om de waarde van uw producten en diensten vast te stellen en te verhogen:

Overtref altijd de verwachtingen van uw klanten: Door de normale verwachtingen van uw klanten te overtreffen, zult u de waarde die zij van u verwachten aanzienlijk verbeteren. Hoe waardevoller uw klanten u en uw bedrijf beschouwen, hoe hoger de kwaliteit van de informatie of het werk dat u hen levert.

Wees niet zoals iedereen: wees uniek. Veel markten zijn oververzadigd met identieke producten en diensten met weinig tot geen onderscheid van de concurrentie.

Er zijn veel manieren om u te onderscheiden van uw concurrenten. U kunt uw goederen anders verpakken dan de concurrenten. U kunt een verkoopstrategie bedenken die niet hetzelfde is als die van alle anderen.

Er zijn veel manieren om je te onderscheiden van de kudde. U kunt informatieproducten zo ontwerpen dat ze er anders uitzien dan die van uw concurrenten. U kunt ervoor zorgen dat uw verkoopsysteem eenvoudig en gebruiksvriendelijk is.

Een onevenredig aantal bedrijven op elk gebied geeft niet om klantenservice. Zolang u hun product hebt gekocht, interesseert het hen niet of u al dan niet een positieve ervaring met hun bedrijf hebt gehad.

Klanten doen graag zaken met bedrijven die een superieure klantenservice bieden. Het goede nieuws is dat u hiervan kunt profiteren. Het biedt u de mogelijkheid om de ontbrekende uitstekende klantenservice te leveren. U kunt de gepercipieerde waarde van uw producten en diensten in de hoofden van uw klanten aanzienlijk verhogen. Zorg altijd, altijd voor een uitstekende klantenservice!

Het aangaan van relaties is de essentie van zakendoen. Uw klanten en afnemers waarderen langdurige relaties. Uw bedrijf wordt daardoor meer dan alleen een plaats om goederen te kopen. U wordt een gewaardeerde vriend en adviseur tot wie zij zich kunnen wenden met vragen en problemen. Als u dit consequent biedt, zult u loyale klanten voor het leven hebben.

Voeg extra waarde toe: Deze lijkt evident op basis van de titel van het artikel. Als u en uw concurrent hetzelfde product tegen dezelfde prijs aanbieden, moet u zich afvragen waarom een klant zou besluiten bij u te kopen in plaats van bij uw concurrent.

Tenzij u meer waarde toevoegt aan de transactie, zoals superieure after-sales service of langere retourtermijnen dan uw concurrenten, zal de klant uw bedrijf niet anders zien dan de anderen.

Het bieden van uitzonderlijke klantwaarde zal uw bedrijf onderscheiden van de concurrentie! Tegenwoordig is de concurrentie hard en wreed, en u moet uzelf elk mogelijk voordeel bieden om in uw bedrijfstak te winnen.

Managementvaardigheden voor managers.

1. Tijdmanagement voor managers
2. Werknemerscoaching voor managers
3. Teambuilding voor managers
4. Zelfvertrouwen voor managers
5. Onderhandelingsvaardigheden voor managers
6. Customer Service Vaardigheden voor Managers
7. Assertiviteit voor managers
8. Zakelijke etiquette voor managers
9. Luistervaardigheden voor managers
10. Leiderschapsvaardigheden voor managers
11. Communicatievaardigheden voor managers
12. Presentatievaardigheden voor managers
13. Stressbeheersing voor managers
14. Besluitvorming voor managers
15. Conflictbeheersing voor managers.

Serie: Financiële vrijheid op elke leeftijd.

- Financiële vrijheid bereiken in de 20
- Financiële vrijheid bereiken in de 30
- Financiële Vrijheid bereiken in uw 40er jaren
- Het bereiken van financiële vrijheid in uw 50er jaren
- Het bereiken van financiële vrijheid in uw jaren 60
- Het bereiken van financiële vrijheid in uw 70er jaren en daarna.
- Het bereiken van financiële vrijheid bij kinderen
- Het bereiken van financiële vrijheid bij tieners
- Financiële Vrijheid bereiken bij studenten.
- Financiële zwendel om op te passen bij pensionering.

Serie: Persoonlijke financiën voor jou.
- ➢ Crypto kopen en verkopen voor beginners
- ➢ Waarom beleggen in dividendaandelen zinvol is.

Serie: Rijkdom 2022.

- ➢ Online ondernemen.
- ➢ Uw eigen bedrijf starten
- ➢ Vermogensbeheer
- ➢ Passief inkomen.
- ➢ 12 stappen om een eigen bedrijf te starten.

Serie: Uitstekende klantenservice.
- ➢ Uitstekende klantenservice in de detailhandel
- ➢ Uitstekende klantenservice in fastfood
- ➢ Uitstekende klantenservice in full-service restaurants
- ➢ Uitstekende klantenservice in het onderwijs
- ➢ Uitstekende klantenservice in onroerend goed.
- ➢ Uitstekende klantenservice in een callcenter
- ➢ Uitstekende klantenservice als receptionist
- ➢ Uitstekende klantenservice in een hotel
- ➢ Uitstekende klantenservice in de verkoop.
- ➢ Uitstekende klantenservice, ongeacht de situatie.

- Uitstekende klantenservice bij de tandarts
- Uitstekende klantenservice in een medisch kantoor.

Serie: Snel geld.

- Snel geld in een week
- Snel geld verdienen in een weekend
- Snel geld in een maand
- Snel geld voor studenten.

Serie: Hoe promoten.

- Hoe uw receptenboek promoten
- Hoe uw kinderboek promoten.

Andere boeken van D.K. Hawkins.

- Hoe uw bedrijf bloeit tijdens een recessie
- Meerwaarde creëren voor klanten
- Kansen herkennen om de cashflow te verhogen.

Auteur Bio

D.K. Hawkins. D.K. leest graag persoonlijke zakelijke boeken en brengt graag tijd buiten door. Meer boeken zullen komen in deze collectie, dus volg op Amazon voor meer boeken.

Bedankt voor uw aankoop van dit boek.

Ik stel het echt op prijs en waardeer u, mijn uitstekende klant.

God zegene U.

D.K. Hawkins.

www.ingramcontent.com/pod-product-compliance
Lightning Source LLC
Chambersburg PA
CBHW050006230526
45465CB00003BB/1289